中國學術思想 研究輯刊

四 編

林 慶 彰 主編

第 21 冊

《左傳》職官考述（上）

許 秀 霞 著

花木蘭文化出版社

國家圖書館出版品預行編目資料

《左傳》職官考述（上）／許秀霞 著 — 初版 — 台北縣永和市：
花木蘭文化出版社，2009〔民98〕

目 16+170 面；19×26 公分
（中國學術思想研究輯刊 四編；第 21 冊）

ISBN：978-986-6449-20-8（精裝）

1. 左傳 2. 人事制度 3. 研究考訂

621.737   98001901

ISBN - 978-986-6449-20-8

9 789866 449208

中國學術思想研究輯刊
四 編 第二一冊   ISBN：978-986-6449-20-8

《左傳》職官考述（上）

作 者 許秀霞
主 編 林慶彰
總 編 輯 杜潔祥
出 版 花木蘭文化出版社
發 行 所 花木蘭文化出版社
發 行 人 高小娟
聯 絡 地 址 台北縣永和市中正路五九五號七樓之三
            電話：02-2923-1455／傳眞：02-2923-1452
網 址 http://www.huamulan.tw 信箱 sut81518@ms59.hinet.net
印 刷 普羅文化出版廣告事業
封 面 設 計 劉開工作室
初 版 2009 年 3 月
定 價 四編 28 冊（精裝）新台幣 46,000 元

《左傳》職官考述（上）

許秀霞　著

作者簡介

許秀霞

民國五十六年生，台灣省彰化縣人，生長於民風純樸的台東。

畢業於臺灣師範大學國文研究所，師承簡宗梧教授。現任國立台東大學華語文學系副教授兼系主任。著有〈春秋三傳「執諸侯」例試論〉、〈《儀禮‧士喪禮》中的禮義〉、〈《左傳》所載之魯國職官考述〉、〈美濃土地公信仰初探〉、〈皇民化的歷史見證〉、〈美濃鎮「劉姓彭城堂」的堂聯〉、〈美濃鎮之雙姓祠堂及三姓祠堂〉、〈美濃地區祠堂規制與機能〉、〈美濃地區客家生命禮儀研究〉等多篇論文。

提 要

本論文之作，係考索記載官制十分富贍的《左傳》一書，求得當時列國所有之職官名稱。除了藉此釐清春秋時代之列國官制外，並將之與《周禮》及金文相互比對勘驗，以見出三者之間的異同。

在章節之區分上，本文共分七章，除首章緒論及末章結論外，其餘各章為二、王朝職官考述；三、列國職官考述——魯、鄭、衛職官；四、列國職官考述——晉、吳職官（同姓小國附）；五、列國職官考述——齊、楚、宋、陳、秦職官（異姓小國附）；六、各國職官之比較。

《周禮》一書爭論萬端。然從文獻及金文資料中發現，《周禮》所載之職官制度，與所發現的西周金文資料頗能互相印證，在客觀上保存了許多珍貴的古代職官制度的史料。這一點，是不可忽視和抹煞的。

經過對《左傳》逐字檢索之後，本文共檢得與《周禮》相同、或部分相同職官九十一種。由這些相同或相似的職官當中，得出下列幾點結論。

一、六官之稱號通行於列國，顯見春秋之前必有足以供列國參考施行的官制法則。單從《左傳》所記載之六官首長看，可知 1. 魯國是唯一六官首長全備的國家。2. 鄭國、宋國亦皆有五官之長的稱號。3. 楚雖異族，然亦注意吸收中原文化，五官之首長名稱，楚國即沿用了四官。4.《周禮》所缺漏的〈司空〉一職，可由《左傳》之記載補遺。5. 由列國採用六官之比例看，在此之前，當有一套列國可以參考使用的官制法則。

二、除六官外，尚有六種職官名稱是多國所共同採用的。如師氏類之大師、大傅等；祝史、大史、御戎、右及行人等皆為多國使用，且職掌與《周禮》相近。

三、列國官職常有名同實異或名異實同者。以大宰一職而論，魯國一見；鄭國之大宰，任為副使；楚國之大宰，擔任文職；享有最高權位之大宰，則非宋國與吳國莫屬。

四、春秋列國顯然較《周禮》系統更為重視太子的師保教育。如晉國之士會甚至以王之命卿的高貴身份，既將中軍又兼領大傅一職。

五、〈春官〉類職官是所有職官中，分工最為細密化以及職官出現最多的類屬。以祝、史、宗而言，《左傳》或稱祝史、或稱祝宗；其中有二種官職之合稱，亦有二種官職併為一職的例子。

至於在實際施行職官制度上，透過史書的記載，可以發現下列情形：1. 由於專業需要，某些職官形成世代相承的現象：如史官與卜人。2. 列國官制變化之主要原因為強國富民與地理環境：如晉之軍政合一。3. 春秋之時，文職、武職尚無明顯之區分：如楚令尹可帥師又掌國政。4. 特殊狀況時可由一人兼領多項職務：如楚國葉公兼領令尹與司馬二職。5.《左傳》中某些官名影響及於後世：如晉將軍、元帥之稱號；齊祈望一職，成為後代鹽官之始。

目

次

下　冊

第一章　緒　論

第一節　官制之起源

　　中國之職官制度究竟起於何時？若從《左傳》中檢索，則可上推至黃帝
之官制。《左傳》昭公十七年載：「秋，郯子來朝，公與之宴。昭子問焉，曰：
『少皞氏鳥名官，何故也？』郯子曰：『吾祖也，我知之。昔者黃帝氏以雲紀，
故爲雲師而雲名；炎帝氏以火紀，故爲火師而火名；共工氏以水紀，故爲水
師而水名；大皞氏以龍紀，故爲龍師而龍名。我高祖少皞摯之立也，鳳鳥適
至，故紀於鳥，爲鳥師而鳥名：鳳鳥氏，歷正也；玄鳥氏，司分者也；伯趙
氏，司至者也；青鳥氏，司啓者也；丹鳥氏，司閉者也。祝鳩氏，司徒也；
鴡鳩氏，司馬也；鳲鳩氏，司空也。爽鳩氏，司寇也；鶻鳩氏，司事也。五
鳩，鳩民者也。五雉爲五工正，利器用、正度量，夷民者也。九扈爲九農正，
扈民無淫者也。自顓頊以來，不能紀遠，乃紀於近。爲民師而命以民事，則
不能故也。』仲尼聞之，見於郯子而學之。既而告人曰：『吾聞之：「天子失
官，學在四夷」猶信。』」（卷四十八，頁 835～838）〔註 1〕此由黃帝論起直至
少皞之官，由此可知官制之起源甚早，自有統治者出現，即有官制之運轉也。
蓋國家之立，除了土地與人民之外，所重者唯管理統治的政府機構。土地何
其廣漠，人民何其眾多，若缺乏一明確的政府機制運轉統籌，則所有的人民
與土地無異一盤散沙。是以「設官分職」是任何一個文明國家所不能缺少的。

〔註 1〕爲了行文簡便起見，本文於引用《左傳》原文時，係以十三經注疏本爲主，
　　　　只於文後注明卷數、頁數，不再另以註腳方式說明。

　　然若要考索一等級嚴明、職官分立的制度，無疑需從西周算起。左言東曾說：「西周建國以後，實行大規模的自上而下的的土地分封制度，形成了統一的王、諸侯、大夫三級政權，這在我國歷史上還是第一次。周王的宗族成員和姻親，組成各級政權的基幹。王、諸侯、大夫分別是三級政權的首腦，掌有經濟、政治、軍事、司法、宗教等各方面的權力。在中央，有諸侯輔政；在諸侯，有大夫輔政。在中央和諸侯國執政的，都叫做『卿』。周王統治的區域叫做『天下』，諸侯統治的區域叫『國』；大夫叫『家』，大夫以上，都屬於『官』的範疇。」〔註2〕

第二節　《周禮》與《左傳》

　　《周禮》原是記載周代官制之書，所以最初叫《周官》。《史記‧封禪書》曾引《周官》曰：「冬日至，祀天於南郊，迎長日之至。夏日至，祭地祇，皆用樂舞，而神乃可得而禮也。」〔註3〕至於《漢書‧藝文志》則記錄《周官經》六篇、《周官傳》四篇。

　　然由於《周禮》晚出中秘，是以爭論萬端。清皮錫瑞嘗論：「《周官》當從何休之說，出於六國時人，非必出於周公，亦非劉歆僞作」〔註4〕，又云：「惟其書是一家之學，似是戰國時有志之士，據周舊典，參以己意，定爲一代之制，以俟後王舉行之者。」民國以來諸家，大都在皮說的基礎上續做研究，並撰文深入考證。例如錢穆亦認爲：「《周官》自劉歆王莽時，眾儒已『共排已非是。』其後唯有少許學者信崇，終不免爲一部古今公認的僞書。然與謂其書乃劉歆僞造，則與謂其書出周公制作，同一無根。」錢氏並認爲《周禮》係出於戰國晚世，〔註5〕不過，亦有持不同意見之學者。

〔註2〕左言東〈西周官制概述〉頁99，收於《人文雜誌》1981年第三期。

〔註3〕《史記會注考證》卷二十八，頁1906，司馬遷撰，瀧川龜太郎考證。天工書局印行，民國78年。此段係史公約寫《周禮‧春官‧大司樂》而成。

〔註4〕皮錫瑞《經學通論‧三禮》頁49、57，臺灣商務印書館印行。

〔註5〕錢穆〈《周官》著作時代考〉見《兩漢經學今古文平議》頁287，東大圖書公司，民國72年。余英時於《周官之成書及其反映的文化與時代新考‧序文》中對此抱持高度肯定，並說：「總之，自〈向歆年譜〉和〈時代考〉刊布以來，學術界大體上傾向於接受《周禮》成於戰國晚期的論斷。儘管諸家在具體結論上還有很多分歧，但是探索的方向已漸趨一致。」至於《文化與時代新考》的作者金春峯則更進一步指出，《周禮》是秦統一前秦地學者的作品。東大圖書公司出版，民國82年。

　　徐啓庭在《周禮漫談》一書中將《周禮》之作者仍定為周公。他認為：「如果《周禮》在深藏祕府百年之間沒有人接觸過，那麼劉向、劉歆父子是最早見過《周禮》版本的人。劉歆在校理祕書時把《周禮》列為序錄，指為西周周公之作的說法是較可靠的。因為劉歆在校理祕書之時如果沒有足夠的理由證明是周公之作，決不可能妄下結論。如果劉歆有意要假《周禮》的作者，為什麼會偏偏假託周公之名而不假託別人？如無緣無故假託周公之名，這也有失祕府之官劉歆的身份。取之旁證，《左傳》有『周公制《周禮》的說法，雖然《左傳》中的《周禮》不能認為是《周官》的別稱，但至少可以說明周代的禮儀制度與周公有關。周公曾輔佐西周的武王、成王攝理國政，在制定禮儀的同時，參與制定治國興邦的制度、政策和法規是合乎情理的。鄭玄說：『周公居攝而作六典六職，謂之《周禮》』的說法，不無道理。」〔註6〕

　　至於劉起釪說：「本人在 1947 年曾撰寫《兩周戰國職官考》，頗尋究了有關此時代的官制。……由於當時掌握金文資料有限，而從中所見官制資料又支離零碎，故尚不能用以作完整的比勘考校《周禮》官制，但已體會到《周禮》官制與文獻及金文所載西周官制無明顯衝突。而春秋、戰國二時期的官制稽考得較為詳備，完全可以與《周禮》一書相勘，因此我曾據以論定《周禮》一書實據春秋時代周、魯、衛、鄭四國官制所寫成，絕不涉及戰國時代官制。」〔註7〕

　　而張亞初、劉雨對於《周禮》也抱持著類似的看法。如其在「司徒」一職中說：「帶兵出征的問題，甚至可以說是司徒份內之事。《周禮》就說『大軍旅大田役以旗致萬民而治其徒庶之政令。』《左傳》昭公二十二年《傳》說：『司徒醜以王師敗績于前城。』這說明了司徒有組織農夫從征的職責。這與西周金文是可以互相參照的。」又「宰」一職中說：「盡管《周禮》給冢宰戴了個大帽子，云其可總攬百官之治，但細考其所屬六十三官，皆為王之衣食住行等宮中事務官，而這些，與西周金文宰所職掌的內容是十分接近的。所以，《周禮》一書，在客觀上為我們保存許多珍貴的古代職官制度的史料。這一點，是不可忽視和抹煞的。」〔註8〕

〔註6〕　徐啓庭《周禮漫談》頁7，頂淵文化事業有限公司印行，民國86年。
〔註7〕　劉起釪《周禮》是春秋時周魯衛鄭官制的產物〉頁17，收於《中國文哲研究通訊》第三卷，民國82年。
〔註8〕　張亞初、劉雨《西周金文官制研究》頁9、頁41，北京中華書局印行。

　　從以上諸家說法看，對於《周禮》的作者從周公到春秋、到戰國，皆有學者極力主張。由於本文並非針對《周禮》一書進行時代考察，故姑存諸家之說。然若從本文所檢索《左傳》之官制與《周禮》相核對之下，其中固有相異之處，亦不乏若合符節之處。若再從郯子對於黃帝以迄少皞氏之官制如數家珍，孔子並且虛心學習之情況來看，謂在春秋之前，已有一類似《周禮》的指導書籍出現，誰曰不能？先秦古籍在流傳的過程中，鮮有不經後人偽造竄改者，《周禮》之初稿在西周、春秋之時，或仍屬口耳相傳、或並未成為定本，直至戰國末期才整理成書，這樣的機率是大有可能的。所謂「《周禮》一書，在客觀上為我們保存許多珍貴的古代職官制度的史料。這一點，是不可忽視和抹煞的。」本文對於《周禮》，即抱持著如是的看法。

　　《周禮》之作，乃在敘述王室之設官分職。故理論上，從《左傳》等史書中所顯示出的周朝職官，應該能與之相合；然而，作史者之採擇史事，並不在於巨細靡遺的紀錄，而是在於其事件的重要與影響性。王爾敏以為史家任務有以下三點：一、以正確研究解釋建立人類過去活動之重要史跡，使後人如參考記憶中經驗，足資採擇以適應現在創造未來。二、選擇當代重要史事、思想意象、行為信仰、制度架構、社會組織、生活狀況，以作成紀錄，備後世史家之研究批判。三、建立解釋與理論，以提供後人透徹之了解，而接納採擇此種研究精華，以為人群生存活動之指導。〔註9〕其中〈一〉及〈二〉所論及之史家採擇資料，皆以重要性為主，知歷史之紀錄，乃有所為而著，非所有現象與資料之網羅也。

　　因此，以《左傳》與《周禮》兩相對照，其目的絕不在於以史書之所無，而否定《周禮》官制的正確性；但是，卻可以因史書之所有，更加驗證《周禮》官制的確立。顧棟高在《春秋大事表》卷十，對於天子諸侯之官制，曾有一番見解，其曰：「《春秋》距成周數百年，其列國之官制猶存。《左氏》因事類見，可得什一于千百。雖其列國僭竊，或妄有改更，然其規模不甚相遠也。王制，大國三卿，皆命于天子，明大夫以下，皆其君自命。案：僖十二年，管仲辭饗禮，曰：『有天子之二守國高在。』宣十六年，晉侯請于王，命士會為太傅，是卿命于天子之證也。晉鞏朔以上軍大夫獻捷于周，而王曰：『鞏伯未有職司於王室』，是大夫不命于天子之證也。周制，諸侯兼官，司徒兼家宰，司馬兼宗伯，司空兼司寇。故《左傳》曰：『季孫為司徒，叔孫為司馬，

孟孫爲司空』，而魯復有羽父爲太宰，夏父弗忌爲宗伯，此出當時之僭，非周制矣。《左傳》紀事尤詳，其職官見于事內，孔氏爲疏通而證明之。如御戎當《周禮》之戎僕；司士當《周禮》之司右；騶當《周禮》之趣馬；公族當〈夏官〉諸子；公路當〈春官〉之巾車；其制尤班班可考。其名或天子所制，或列國自命名，則均不可得而知矣。至太宰之名，則陳宋與吳楚俱有之，陳宋爲三恪之後，吳楚則僭王。學者爲綜考其同，區別其異，于《春秋》魯史之內，得見成周侯國之官制，用補《周禮》之闕疑，亦學《春秋》者之一大掌故也。」〔註10〕

汪中文亦曰：「夫《周禮》所紀，率皆天子之官，諸侯之制弗傳。而《左氏》所載，獨詳列國之官制，故綜而考究，猶可得其什一，舉列國之紛錯異制，補《周禮》之闕疑者也。」〔註11〕此亦本文所意欲達到之目標。

第三節　研究方法

王天有在《中國古代官制》一書中，曾說：「學術界的前輩都很重視官制，把它與目錄學、年代學、地理學並列爲學習古代文化的四把鑰匙。」〔註 12〕由此可知，對於官制之探索，是開啓古代文化寶藏的一個重要階梯。

對於春秋官制之研究，歷來不乏其人。汪中文在《兩周官制論稿》中，將之分爲一、資料概述：1. 較有系統之官制資料，如《荀子・王制篇》、《管子・立政篇》、〈小匡篇〉等，而以《周禮》最爲稱備。……唯其間多寓作者一己之政治理想，未必盡符合於當世之實情，故不得據以言春秋之官制也。2. 散見之官制資料：先秦經籍如《尚書》、《詩經》、《論語》等，於敘事記史之時，兼載官名，而其中最爲富贍者，則推《左氏》、《國語》、《儀禮》三書。3. 實物資料：甲骨、金文等地下出土實物，每爲最佳之直接材料，非但可與文獻記載轉相印證、互相發明，亦可補文獻記載之不足也。至於論著概況，則分爲 1. 據《周禮》爲說者，如顧棟高之〈春秋列國官制表〉、胡匡衷之〈侯國官制補考〉等；2. 分國考述者，如程公說之《春秋分紀・職官分紀》、程廷祚之〈春秋職官考略〉等等；3. 以實物資料與文獻資料相較者，如郭鼎堂〈周

〔註10〕顧棟高《春秋大事表》卷十，頁 583。
〔註11〕汪中文《兩周官制論稿》頁 96，復文圖書出版社印行，民國 82 年。
〔註12〕王天有《中國古代官制・引言》，臺灣商務印書館印行，民國 83 年。

官質疑〉、斯維至〈兩周金文所見職官考〉、張亞初、劉雨之《西周金文官制研究》、汪中文《兩周冊命金文所見官制研究》等。〔註13〕

本文之作，則係考索記載官制甚爲富贍的《左傳》一書，求得當時列國所有之職官名稱，並將之與《周禮》及金文相互比對勘驗，以見出《左傳》中所載之當時史實，與所謂「理想官制」的《周禮》及實物資料的金文有無異同。如此的比較方式，可以見出彼此之間的相似與相異性，對於尋繹春秋當時各國所施行的政治制度，具有釐清之效果。

在章節之區分上，本文以周王朝爲主，區分爲姬姓國家與異姓國家兩大類，並就其官制之相似性，再加以細分。除緒論外，首列王朝職官考述。蓋春秋之時，周天子名義上仍爲天下之共主，雖則名存實亡，仍應列爲首要，且《周禮》一書專爲王室官制所作，故周朝之官制概況宜專列一章。

次爲列國職官考述——魯、鄭、衛職官。此三國皆爲姬姓國家，在宗法及制度上本有密不可分之關係，且其職官制度亦有相當程度的相似性；是故併爲一章。其次，則爲列國職官考述——晉、吳及姬姓小國。蓋晉雖姬姓，然以軍政合一，職官制度與魯、鄭、衛大異其趣；至於吳國雖處南方，自申公巫臣及其子爲吳行人之後，以晉之制度教導之，故吳國之制度亦受晉之影響也。

再次，爲列國職官考述——齊、秦、楚、宋、陳及異姓小國。此諸國皆爲周之異姓，在制度上雖不免有周之影響，然因地理位置之故，各發展出本國自有之特色。其中楚繼晉之後稱霸諸侯，其勢力所及，連宋、陳之官制皆受其影響也。宋於中原諸國上與楚最近，門尹、大尹之類官名，即爲楚之流風；至於陳一度爲楚所滅，芋尹一職，亦楚之官名也。

最後，則係各國職官之比較。蓋前列諸章，係針對各個國家做單一的官制考索，本章則著重在各國之間相同官名的不同職事考究，論其貴賤尊卑與職司之異同。同時亦將《左傳》中同於《周禮》或似於《周禮》之所有官名做一排列，以知《周禮》官名在《左傳》中之出現與記載情形；至於各國之特有官名，不與他國同者，則不在此列。

時移事遷，在制度的因襲上，因時因地制宜在所難免。且因各國國情、方言不一，對於官職名稱或完全相同、或部分相同、亦有全部皆異者。爲了能夠更眞實地探究列國制度與《周禮》的異同，本文在官名的比對上，採用

〔註13〕汪中文《兩周官制論稿》頁94～96，復文圖書出版社出版，民國82年。

較爲寬鬆的比對標準。亦即只要官名部分相同，且職責可見類似者，本文即將其歸爲《周禮》中相同的一類。例如校正與校人，同爲掌馬之官，只是所用名稱不同，則將之視爲同一類；又如祝史、祝宗，其或因爲諸侯職官員額編制之不足，以一職領銜二事；或爲兩種職官的合稱，若《傳》文有顯見之事實可以區分，則將之區分爲二；反之，若無顯見之事實可以區分，則將其視爲一種職官，並依首字之區分，歸爲「祝」之類。分類之方法，各家所見不一，同時也無哪一種歸類方法是可以放之四海而皆準的；是以本文所採用較爲寬鬆的分類法，亦只爲本論文之寫作，尋求一種共通標準而已。

王天有認爲「中國古代官制的發展有兩個顯著特點：一是連續性，即歷朝官制總是前後沿襲，先後繼承。周承商制，漢承秦制、唐承隋制、清承明制，都說的是這個意思。二是可變性，即不同時期的官制又有所不同。每當一個新王朝出現，總要對前朝官制進行總結，斟酌損益，有所繼承；同時又根據本朝情況，精心擘畫，加以變動。即使在同一王朝內，官制也不是一成不變的，也會因各種因素的影響不斷地加以調整。」〔註14〕從「可變性」來講，春秋列國官制的確具有此種特色，不唯同一官職之前有後無；即貴賤尊卑亦因時代不同而有所差異（如宋國之六卿）。然其變動之原因，則因史無明文，難以查考。

本文於各章之後，皆附錄該國職官一覽表，除便於檢索之外，也同時就該國所出現之職官種類作一比較分析，以窺知當時國內情勢之所重。

〔註14〕王天有《中國古代官制·引言》頁3，臺灣商務印書館印行，民國83年。

第二章　王朝職官考述

　　周以天子之尊，分封諸侯，以藩王室，在主觀形勢上，諸侯皆其大臣；負有保衛、進貢諸責。然而，諸侯畢竟是分封在外的國家，各有自己國家的政治體系，並非日日守在周王室，故王室本身亦必需有一套可以運轉的政治機制，以利各項事務之推展。

　　春秋早期，王朝尚有由大諸侯擔任的輔政人員，此稱爲卿士。《左傳》定公四年記載衛國大祝祝佗說：

> 昔武王克商，成王定之，選建明德，以藩屏周。故周公相王室，以尹
> 天下，於周爲睦。……王於是乎殺管叔而蔡蔡叔。……其子蔡仲改行
> 帥德，周公舉之，以爲己卿士。……武王之母弟八人，周公爲太宰，
> 康叔爲司寇，聃季爲司空，五叔無官。」（卷五十四，頁947～949）

可知當周朝初定之時，以分封諸侯之方式鞏固王室。這些諸侯皆王之兄弟，故周公爲太宰，康叔爲司寇，聃季爲司空。春秋之時，則由諸侯擔任執政大臣，《左傳》中資料所見，虢公、鄭伯，皆是以一國之君的身份擔任周朝的卿士。例如隱公三年《傳》便記載：「鄭武公、莊公爲平王卿士，王貳于虢。」（卷三，頁51）杜預於此注曰：「卿士，王卿之執政者。」不但執政官員由諸侯擔任，其它次要的職位也由諸侯擔任。如隱公十一年：「滕侯曰：『我周之卜正也。』」（卷四，頁79）襄公二十五年：「昔虞閼父爲周陶正，以服事我先王。」（卷三十六，頁622）故杜正勝《周代城邦》云：「周人僻處西陲，一旦統有廣大土地和眾多人民，因循其行政機構亦脫胎於氏族與元老之舊制，由貴族世代執政，謂之『世官』」〔註1〕。

〔註 1〕 杜正勝《周代城邦》，頁93～99。

　　但到後期，王的卿士，不再是大而有力的諸侯，如鄭桓公之類；王的卿士落在畿內的單、劉、毛、原等族，因此不特不能「夾輔王室」，還常有爭執，而王室的號令也只能行之於畿內了！〔註2〕

　　除了諸侯中的列國之君擔任周朝卿士之外，周朝亦有本身所屬的相關官員。昭公二十二年《傳》：「王子朝因舊官、百工之喪職秩者與靈、景之族以作亂。」（卷五十，頁874）此舊官、百工，即皆周朝本身之各種官員。

　　依《左傳》所見，周朝之職官有內史、宰、王子師、膳夫等等。為了便於檢索起見，今依《周禮》天官、地官、春官、夏官、秋官、冬官順序，分別論述其官職。

一、《周禮》天官之屬

（一）宰

　　周室之「宰」職，於左傳中凡四見。

　　1. 隱公元年經：天王使宰咺來歸惠公、仲子之賵。

　　　　　　傳：天王使宰咺來歸惠公、仲子之賵，緩，且子氏未薨，故名。（卷二，頁38）

　　杜注：「宰，官；咺，名。」孔疏謂宰咺之「宰」，即《周禮》天官之宰夫，楊伯峻《注》從之；而《會箋》則於《春秋》經文下箋曰：「以宰周公考之，宰咺、宰糾者皆大宰也。大宰位尊任重，故特書其官。」〔註3〕

　　揆諸《周禮》，宰夫係以下大夫四人擔任，並「掌治朝之法，以正王及三公、六卿、大夫、群吏之位。」〔註4〕則此擔任周朝大使，以賜諸侯之賵者，應不至於以下大夫任之，故從《左傳會箋》之說，以宰咺為大宰。另，顧棟高以為宰夫之職「凡邦之弔事，掌其戒令，與其器幣財用。」既掌弔事，或即充使，此蓋宰夫也。〔註5〕然此邦為畿內之邦，非關國外，故不從之。

　　2. 桓公四年經：夏，天王使宰渠伯糾來聘。

　　　　　　傳：夏，周宰渠伯糾來聘，父在，故名。（卷六，頁105）

　　杜注：「宰，官；渠，氏，伯糾，名也。」孔疏亦云：「《周禮》天官有大宰、

小宰，宰夫，知宰是官也。傳言父在，故名，知伯糾是名，自然渠爲氏矣。」
而楊伯峻則曰：「伯蓋其行次，糾是其名，伯糾以行次冠名，猶《論語》伯達、
伯適之類。宰是糾所任之官，其父另有官，蓋父子同仕王室者。」〔註6〕二說
當以楊說爲是。〔註7〕

　　3. 僖公九年經：公會宰周公、齊侯、宋子、衛侯、鄭伯、許男、曹伯于
　　　　　葵丘。

　　　　　　傳：會于葵丘，王使宰孔賜齊侯胙，曰：「天子有事于文、武，
　　　　　　使孔賜伯舅胙。」……齊侯盟諸侯于葵丘，……宰孔先
　　　　　　歸，遇晉侯，曰：「可無會也。」（卷十三，頁218）

　　杜注：「周公，宰孔也，宰，官；周，采地，天子三公。」孔疏云：「傳
稱王使宰孔賜齊侯胙，知周公即宰孔也，其官爲大宰，采地名爲周，天子三
公，故稱公，孔則其名也。」

　　4. 僖公三十年經：天王使宰周公來聘。

　　　　　　傳：冬，王使周公閱來聘，饗有昌歜、白黑、形鹽。辭曰：
　　　　　　「國君，文足昭也，武可畏也，則有備物之饗，以象
　　　　　　其德，薦五味，羞嘉穀，鹽虎形，以獻其功，吾何以
　　　　　　堪之？」（卷十七，頁285）

　　杜注：「周公，天子三公，兼冢宰也。」

　　周朝之「宰」於經傳中凡四見，〔註8〕其職務分別是（一）歸魯惠公、仲
子之賵；（二）聘于魯；（三）會諸侯于葵丘，並賜齊侯胙；（四）聘于魯。

　　就其職務之重要性而言，賜齊侯胙有高於諸侯之權責，儼然是周王的代
言人；至於歸魯惠公、仲子之賵、聘于魯之事，則顯然爲一般使臣可爲之事。
因此，就此四項職務而言，宰之等級實有輕重之差別。

　　《周禮・天官》載有冢宰、大宰、小宰、宰夫四職。冢宰者，帥其屬而
掌邦治，以佐王均邦國；大宰者，卿一人當之，掌建邦之六典，以佐王治邦
國；小宰，以中大夫二人當之，掌建邦之宮刑，以治王宮之政令；宰夫者，
下大夫四人，上士八人，中士十有六人，掌治朝之法，以正王及三公六卿、

〔註6〕楊伯峻《春秋左傳注》，頁101，洪葉文化事業有限公司。
〔註7〕亦見方炫琛《左傳人物名號研究》頁410。政治大學中國文學研究所博士論文，
　　　民國72年。
〔註8〕另僖公五年傳：王使周公召鄭伯，曰：「吾撫女以從楚，輔之以晉，可以少安。」
　　　（卷十二，頁207）杜注：「周公，宰孔也。」

大夫群吏之位。〔註9〕

　　賈公彥於冢宰下疏曰:「《周禮》以邦國連言者,據諸侯也。單言邦、單言國者,多據王國也。然不言均王國,而言均邦國者,王之冢宰,若言王國,恐不兼諸侯,今言邦國,則舉外可以包內也。」

　　由此而觀之,所謂「均邦國、治邦國」者,實含諸侯國而言,故周王朝之「宰」,除對內佐王治邦國外,同時也經常以王者的使節出現,出使諸侯國以傳達王之命令。

　　孔穎達〈正義〉曰:「王人見于經者,惟宰書官。《穀梁傳》曰:『天子之宰,通于四海。』其意言宰者,六官之長官,名通于海內,當謂太宰之長官耳,其屬官不應得通。而宰咺、宰渠伯糾則必非長官。亦稱為宰者,蓋自宰夫以上,皆通也。愚意冢宰,紀法之守,桓公篡弒,王不能討,即位四年,未能一朝王室,而王使下聘;仲子,諸侯之妾,以冢宰歸賵,皆非禮也。故特書官以示譏。若宰夫以下,則如劉夏石尚書名可矣,何必具官?」

　　顧棟高以為〈正義〉之說非也。其曰:「僖公二十八年踐土之盟時,《國語》以王子虎為太宰文公,而經兩書宰周公,皆在僖公時,或中有遷代?」〔註10〕

　　冢宰掌管朝中實權的事例,還可從文公十四年,頃王崩時,周公閱與王孫蘇爭政看出。周公閱首見於僖公三十年,至今已任冢宰十七年矣,以如此長久之資歷,成年累月掌握政權,無怪乎於頃王崩時,會演出爭政之戲碼了!

　　除周王之宰外,傳文亦於襄公十九年記載有「王叔之宰」,傳文曰:「晉侯使士匄平王室,王叔之宰與伯輿之大夫瑕禽坐獄於王庭。」此文所謂「宰」者,則家臣之長也。杜注曰:「周禮,命夫命婦不躬坐獄訟,故使宰與屬大夫對爭曲直。」

　　家臣之屬,不似君王龐雜,故此宰者,則是屬官之長,因命夫不躬坐獄訟,故以代替主人之身份出現。由此亦可知,宰之身份實是主人之下之第一人。

　　列國之間設有大宰或宰之職者,除周之外,尚有魯、鄭、宋、楚、吳、越等國。

(二)宰　旅

　　1. 襄公二十六年:晉韓宣子聘于周,王使請事,對曰:「晉士起將歸事於宰旅,無他事矣。」(卷三十七,頁637~638)

〔註9〕參《周禮》,頁11~46。十三經注疏本,藝文印書館印行。
〔註10〕《春秋大事表》卷十,頁585。

杜注：「宰旅，冢宰之下士。」〈正義〉曰：「《周禮》大宰之屬官，有旅下士三十有二人，是知宰旅爲冢宰之下士也。劉炫云：『知時事四時貢職者，小行人云：「春入貢，秋獻功，王親受之。」鄭玄云：「貢謂六服所貢；功謂考績之功。」是諸侯大夫貢時事之義也。』」

宰旅之官於《左傳》之中，僅周朝一見，各國皆無。《周禮》中於大宰、鄉師、遂人、宗伯、司馬、司寇六官下皆設有「旅」下士若干人，爲處理一般事務之官員；此處傳文既特別稱呼「宰旅」，則當爲大宰之屬之特別官稱也。

（三）膳　夫

1. 莊公十九年：王奪子禽祝跪與詹父田，而收膳夫（石速）之秩。（卷九，頁 160）

《左傳》中膳夫之職，僅此一見。

據《周禮》，膳夫之職爲「掌王之食飲膳羞，以養王及后世子。」〔註11〕爲與庖人、饔人相鄰之官。《國語·周語》載虢文公對周宣王問籍田之義時，曾論及膳夫一職。「……膳夫、農正陳籍禮，太史贊之，王敬從之。……宰夫陳饔，膳宰監之，膳夫贊王，王歆大牢，班嘗之。……乃命其旅曰：『徇，農師一之、農正再之、后稷三之……宗伯九之，王則大徇。』」〔註12〕何大安以爲「農正蓋后稷之佐，而『稷爲大官』，膳夫與農正同陳籍禮，其秩官非甚卑。」〔註13〕然觀其順位，宗伯係眾臣中最高職位，故排序最近周王，則農正不過排名中之第九，而膳夫尚不與此之排名，則非顯豁也。《國語》之成書與《左傳》相去不遠，其書中膳夫之責或與《左傳》中皆爲廚人之流與？

然斯維至依金文所見，對膳夫一職則有不同的看法，其曰：

> 《周禮》冢宰下有膳夫，其職爲掌王之食飲膳羞，此於金文無徵。〈大克鼎〉云：「王呼尹氏冊命善夫克。王若曰：『克，昔先王既命汝出納朕命。』」則善夫爲出納王命，似與宰職相同。其它彝銘所見大致如是。〔註14〕

〔註11〕 見《周禮·天官》卷四，頁 57。

〔註12〕 《國語·周語》卷一，頁 18～20。韋昭注，漢京文化事業有限公司出版，民國 72 年。

〔註13〕 何大安〈春秋列國官名不見於周禮考〉頁 5。收於《中國東亞學術研究計畫委員會年報》第十一期，民國 61 年 8 月。

〔註14〕 斯維至〈兩周金文所見職官考〉頁 3，收於《中國文化研究彙刊》第七卷，民國 36 年。

汪中文亦以爲：

> 「善夫」即典籍之「膳夫」，〈大鼎〉之善夫馭、〈大毁〉之善夫豕、
> 均於王行賞賜禮時，職司奔走之事，〈小克鼎〉文之「舍令」，意即
> 「發布命令」，與〈大克鼎〉銘之「出內朕令」相當，則善夫蓋與宰
> 官頗類，屬王之近臣。在王左右，掌宣王命之事，也與飲食無涉。
> 又〈大克鼎〉文中，克所受賞賜豐富，有多處田地及臣妾，則「善
> 夫」之地位頗高，當非如《周禮》所述，但爲食官之長耳。又由〈十
> 月之交〉與〈雲漢〉二詩觀之，「膳夫」蓋參與國政，故詩人責之。
> 〔註15〕

二者從金文所見，論述膳夫之職非僅食官之長；此與郝鐵川所謂：「周王爲了
牽制外朝的卿事寮，讓近侍寵臣即屬於太史寮的宰、膳夫、公族等同卿事寮
成員一道參與政務。」〔註16〕持論相同。

二、《周禮》地官之屬

（一）司 徒

1. 襄公二十一年：欒盈過於周，周西鄙掠之。辭於行人曰：……。王曰：
「尤而效之，其又甚焉。」使司徒禁掠欒氏者，歸所取焉。使候
出諸轅轅。（卷三十四，頁593）

〈正義〉曰：「《周官·司寇》掌詰姦慝，刑暴亂，當使司寇。而此云司
徒者，以司徒掌會萬民之卒伍，以起徒役，以比追胥，以此追寇盜，是其所
掌。獲得罪人，乃使司寇刑之耳。」

此不使司寇而使司徒掌者，因未及行刑，僅使禁掠耳。

2. 昭公二十二年：八月辛酉，司徒醜以王師敗績于前城。（卷五十，頁
874）

杜注：「醜，悼王司徒。」

司徒掌管教育，故對於帥師之事，典籍較少載及。然《周禮·大司徒》
之職載曰：「大軍旅、大田役，以旗致萬民而治其徒庶之政令。」〔註17〕與此
年傳文相印證，更可說明司徒有組織農夫以征的職責。

〔註15〕汪中文《兩周官制論稿》頁84，復文圖書出版社印行，民國82年。
〔註16〕見郝鐵川《周代國家政權研究》頁41，黃山書社印行，1990年
〔註17〕《周禮·地官·大司徒》卷十，頁163。十三經注疏本，藝文印書館印行。

司徒爲地官之長，除周朝之外，魯、晉、楚、鄭、宋、吳等國亦有。

（二）師（師氏）

　　1. 莊公十九年：初，王姚嬖于莊王，生子頹，蒍國爲之師。（卷九，頁
　　　　160）

此蒍國爲王子頹之師也。程公說《春秋分紀‧職官書》曰：「《周禮》地官之屬〈師氏〉掌以媺詔王，以三德教國子。鄭氏注：『師氏教國子，而世子亦齒焉。』」子頹，莊王子，以蒍國爲之師，蓋師氏職云。」〔註18〕

傳文載明王子之師者僅一人，然論其官耳，未言其職。〔註19〕

（三）大　師（師氏）

　　2. 僖公二十六年：（展喜）對曰：「昔周公、大公股肱周室，夾輔成王。
　　　　成王勞之，而賜之盟，曰：『世世子孫無相害也！』載在盟府，大
　　　　師職之。」（卷十六，頁265）

杜預注曰：「大公爲大師，兼司主盟之官。」是以大師專指齊大公。顧炎武《補正》則曰：「太師，周之大師，主司盟之官。解爲大公爲大師，非。」然襄公十四年《傳》：「王使劉定公賜齊侯命，曰：『昔伯舅大公右我先王，股肱周室，師保萬民，世胙大師，以表東海。』」（卷三十二，頁564）又成公二年《傳》：「夫齊甥舅之國也，而大師之後也。」（卷二十五，頁431）則太公顯然曾爲「大師」一職，應無疑義。

　　《周禮‧春官》下有「大師」一職，然其爲「掌六律、六同，以合陰陽之聲。」〔註20〕與此所謂「股肱周室、師保萬民」不類，既以「師保」合稱，知此「大師」爲「保氏」一類之職官，故列大師爲〈師氏〉類之職官。

三、《周禮》春官之屬

（一）泠（樂師）

　　1. 昭公二十一年：春，天王鑄無射，泠州鳩曰：「王其以心疾死乎？夫樂，
　　　　天子之職也。夫音，樂之輿也，而鐘，音之器也。……王心弗堪，

〔註18〕宋‧程公說《春秋分紀‧職官書》卷四十一，頁441，景印文淵閣四庫全書經
　　　　部第一百五十四冊，臺灣商務印書館印行。
〔註19〕昭公二十二年《傳》：「王子朝、賓起有寵於景王。王與賓孟說之，欲立之。」
　　　　（卷五十，頁872）此賓起，杜預及賈逵均認爲是王子朝之傅。
〔註20〕《周禮‧春官》卷二十四，頁354。

其能久乎？」（卷五十，頁867）

杜預注曰：「泠，樂官；州鳩，其名也。」

〈周語下〉亦載此事曰：「王將鑄無射，……問之伶州鳩。……王不聽，卒鑄大鍾，二十四年，鍾成，伶人告和。」〔註21〕伶、泠二字通用。

成公九年傳文亦載楚有鍾儀，回答晉侯問其族時，曰：「泠人也。」〈正義〉引《詩經·簡兮·序》鄭玄注云：「泠官，樂官也。泠氏世掌樂官而善焉，故後世多號樂官為泠官。」〔註22〕

（二）卜正（太卜）

1. 隱公十一年：春，滕侯、薛侯來朝，爭長。薛侯曰：「我先封。」滕侯曰：「我，周之卜正也。」（卷四，頁79）

杜預注曰：「卜正，卜官之長。」〈正義〉曰：「《周禮·春官·太卜》下大夫二人，其下有卜師，卜人、龜人、筮人，太卜為之長，正訓長也，故謂之卜正。」

《會箋》曰：「蓋滕侯祖為之。對夏之車正張夸之。呂祖謙曰：『此一段須看得官制。見成周盛時，諸侯非惟入為王卿士，而卜正一官，亦皆諸侯為之。』」〔註23〕

劉師培以為：「《周禮》言建其正，則正均指長官而言。故牧正、庖正、火正諸官，夏代之時，即有此職。至于周代，厥證尤多，如《周官》僅有太卜，而《左傳》載滕侯之言曰：『我，周之卜正也。』」杜注以卜正為卜官之長，蓋太卜以上，又有卜正，以貴臣領其事。」〔註24〕然大卜既已統領各類卜筮人員，已為卜官之長矣，故此卜正應即《周禮》之〈大卜〉，非謂大卜之上又有卜正也。

卜正一官，僅於此一見。

（三）大 史

襄公四年晉魏絳曾對「大史」一職之職責有過描述。其曰：「昔周辛甲之

〔註21〕《國語·周語下》卷三，頁123～131，韋昭注，漢京文化事業有限公司出版，民國72年。

〔註22〕《詩經·簡兮·序》曰：「〈簡兮〉，刺不用賢也。衛之賢者仕於伶官，皆可以承事王者也。」見卷二，頁99。十三經注疏本，藝文印書館印行。又，《詩經》作「伶」；孔穎達所引作「泠」。

〔註23〕見《左傳會箋》頁91，竹添光鴻著，天工書局印行，民國77年。

〔註24〕劉師培〈論歷代中央官制之變遷〉頁3304，收於《國粹學報》第二十七期。

為大史也，命百官，官箴王闕。於〈虞人之箴〉曰：『人有寢、廟，獸有茂草，各有攸處，德用不擾。』」（卷 29，頁 507）此大史，周武王之大史也。大史號令百官，使百官各為箴辭以戒王過，可知大史之職，於文武之時即已設立，同時除了職掌史書之外，也同時負有規勸王過的大責。至於傳文所載有關周室大史者，則如下見：

1. 莊公二十二年：（敬仲）其少也，周史有以《周易》見陳侯者，陳侯使筮之。（卷九，頁 163）

〈正義〉曰：「直言周史，知是大史者，《周禮》大史掌書。昭二年《傳》稱『韓宣子觀書於大史氏。』此以《周易》見陳侯，故知是大史也。」

2. 哀公六年：是歲也，有雲如眾赤鳥，夾日以飛三日。楚子使問諸周大史。（卷五十八，頁 1007）

大史者，〈正義〉曰：「服虔云：『諸侯皆有太史，主周所賜典籍，故曰周太史。一曰，是時往問周大史，杜以問周大史於文自明，故不煩釋。』」楊伯峻曰：「此說甚誤，周未嘗賜典籍與楚，王子朝奉周典籍奔楚，亦不得謂周大史。」至於主往問周大史者，沈欽韓《補注》舉《說苑‧君道篇》為證，是也。《說苑》云：『昭王患之，使人乘馹，東而問諸大史州黎。』此時昭王在城父，距周室近，距楚反遠，故至王城問也。」〔註25〕

以上所見周朝大史有二，分別掌筮與占候吉凶。《周禮‧春官‧大史》之職曰：「掌建邦之六典，以逆邦國之治。掌法以逆官府之治，掌則以逆都鄙之治。凡辨法者考焉，不信者刑之。凡邦國都鄙及萬民之有約劑者藏焉，以貳六官，六官之所登。若約劑亂，則辟法；不信者刑之。正歲年以序事，頒之于官府及都鄙，頒告朔于邦國。……」（卷二十六，頁 401～402）

此言大史之職亦有曆數。故桓公十七年《傳》曰：「冬十月朔，日有食之，不書日，官失之。天子有日官，諸侯有日御，日官居卿以底日，禮也。（卷七，頁 129）

杜預注曰：「日官，天子掌厤者，不在六卿之數，而位從卿，故言居卿也。」〈正義〉則曰：「《周禮‧大史》掌正歲年以序事，頒告朔于邦國，然則天子掌歷者謂大史也。大史，下大夫，非卿，故不在六卿之數。傳言居卿，則是尊之若卿，故知非卿而位從卿。」

大史之職既掌圖書，同時兼及天文曆數及卜筮，故衛、魯、晉、齊、鄭

〔註25〕楊伯峻《春秋左傳注》頁 1635，源流出版社，民國 71 年。

諸國亦多有設置。

（四）內　史

《傳》文於周內史之記載，約有下列數則：

1. 桓公二年：周內史聞之，曰：「臧孫達其有後於魯乎？不忘諫之以德。」
（卷五，頁95）

〈正義〉曰：「《周禮・春官・內史》中大夫，是周大夫官也。」

2. 莊公三十二年：秋七月，有神降于莘。惠王問諸內史過曰：「是何故
也？」……王曰：「若之何？」對曰：「以其物享焉。……」（卷十，
頁1181）

3. 僖公十一年：天王使召武公、內史過賜晉侯命。（卷十三，頁222）

4. 僖公十六年：春，隕石于宋五，隕星也；六鷁退飛過宋都，風也。周
內史叔興聘于宋，宋襄公問焉，曰：「是何祥也，吉凶在焉？」（卷
十四，頁236）

5. 僖公二十八年：己酉，王享醴，命晉侯宥。王命尹氏及王子虎內史叔
興父策命晉侯為侯伯。」（卷十六，273）

6. 文公元年：王使內史叔服來會葬。公孫敖聞其能相人也，見其二子焉。
（卷十八，頁297）

7. 文公十四年：有星孛入于北斗。周內史叔服曰：「不出七年，宋、齊、
晉之君，皆將死亂。」（卷十九，頁335）

8. 襄公十年：晉侯有間，以偪陽子歸，獻于武宮，謂之夷俘，偪陽，妘
姓也，使周內史選其族嗣，納諸霍人，禮也。（卷三十一，頁540）

由上列職掌分析，內史之職掌約可別為四類：

1. 掌冊命：如僖公十一年、僖公二十八年。

2. 代王行聘問慶弔之禮：如僖公十六年、文公元年。

3. 掌占候吉凶之事：如桓公二年、莊公三十二年、僖公十六年、文公十
四年。

4. 掌爵祿廢置：如襄公十年。〔註26〕

《周禮》內史以中大夫一人、下大夫二人、上士四人、中士八人、下士

〔註26〕此處對於周內史職司之分類，前三類與汪中文《兩周官制論稿》所述相同，
見該書頁86，復文圖書出版社印行。第四類則係筆者據傳文之內容，另增之
新類。

十有六人擔任，編制人員非常之多，是其它職官中少見的龐大體系。內史之職爲：

> 掌王之六柄之法以詔王治，一曰爵、二曰祿、三曰廢、四曰置、五曰殺、六曰生、七曰子、八曰奪。執國法及國令之貳，以考政事，以逆會計，掌敘事之法，受納訪以詔王聽治，凡命諸侯及孤卿大夫，則策命之。凡四方之事書，內史讀之。王制祿則贊爲之，以方出之。賞賜亦如之。〔註27〕

以《周禮》之文與《左傳》相核，除了代王行聘問慶弔及掌占候吉凶之事不在明文之內，其餘傳文所載之事，於《周禮》皆有明文，由此可見《左傳》、《周禮》的密切性。至於代王行聘問慶弔之禮，爲何由內史代爲行之，應當是內史之職務重要，故與冢宰相同，常爲王之代言人。史者鑑往知來，知興廢替否，故亦時常成爲被徵詢的對象，此或者也可解釋爲何內史亦包辦占候吉凶之事吧！

王國維在《觀堂集林‧釋史》中曾說：

> 史爲掌書之官，自古爲要職。殷商以前，其官之尊卑雖不可知，然大小官名職事之名，多由史出，則史之位尊地要可知矣。……殷周間王室執政之官，經傳作卿士，而毛公鼎、小子師敦、番生敦作卿事，殷虛卜辭作卿史。是卿士本名史也。……內史之官雖在卿下，然其職之機要，除冢宰外，實爲他卿所不及。自詩書彝器觀之，內史實執政之一；又其職與後漢以後之尚書令、唐宗之中書舍、翰林學士，明之大學士相當，並樞要之任也。〔註28〕

但因西周之際，唯天子有策命諸侯之職，是以在《左傳》之中，也唯有周王室有內史之職。

另外，成公二年：「晉侯使鞏朔獻齊捷于周，王弗見。……王使委於三吏，禮之如侯伯克敵使大夫告慶之禮，降於卿禮一等。王以鞏伯宴，而私賄之。使相告之曰：『非禮也，勿籍！』」（卷二十五，頁 430）此周王因畏晉，而私宴賄以慰鞏朔，故不合禮節，因此，特別囑咐相禮者告誡史者不要記錄此事，亦可見史者對於國君諸事必須記載。

〔註27〕《周禮‧春官》，頁 407～408。
〔註28〕王國維《觀堂集林‧釋史》，頁 269～271，世界書局印行。

四、《周禮》夏官之屬

（一）候（候人）

1. 襄公二十一年：欒盈過于周，周西鄙掠之，辭於行人曰：……。王曰：
「尤而效之，其又甚焉。」使司徒禁掠欒氏者，使候出諸轘轅。
（卷三十四，頁 593）

杜預注曰：「候，送迎賓客之官也。」《周禮‧夏官》有候人，云：「各掌其方之道治與其禁令，以設候人。若有方治，則帥而致于朝，及歸，送之于竟。」〔註29〕賈公彥《周禮‧疏》並引此傳文爲證。而《國語‧周語》亦曰：「候人爲導。」《詩經‧曹風‧候人》毛傳亦云：「候人，道路送迎賓客者。」〔註30〕

「候」之官僅見於周、晉、楚；而於晉國，或稱候奄、或稱候正。

（二）御　士（御僕）

1. 僖公二十四年：頹叔、桃子曰：「我實使狄，狄其怨我。」遂奉大叔以狄師攻王。王御士將禦之。（卷十五，頁 257）

杜預注曰：「《周禮》，王之御士十二人。」〈正義〉則曰：「《周禮》無御士之官，唯〈夏官‧大僕〉之屬有御僕，下士十有二人，掌王之燕令。鄭玄云：『燕居時之令以親近王，故爲王禦寇。』」

2. 襄公三十年：初王儋季卒，其子括將見王而歎。單公子愆期爲靈王御士，過諸廷，聞其歎而言曰……。（卷四十，頁 681）

《會箋》以爲：「御士，侍御之士，謂近習。」〔註31〕王引之《經義述聞》曰：「二十二年《傳》：『子南之子爲王御士。』杜注曰：『御王車者。』引之謹案：御，侍也。御士，蓋侍從之臣。若《周官》御僕、御庶子之屬，非謂御車者也。僖二十四年《傳》：『頹叔、桃子遂奉大叔以狄師攻王。王御士將禦之。』杜彼注曰：『《周禮》，王之御士十二人。』是其證。」〔註32〕以此知《左傳》所謂御士者，即《周禮》之御僕也。

御士之官，除周朝之外，魯、宋、楚亦各一見。

〔註29〕《周禮‧夏官》卷三十，頁 460。
〔註30〕《毛詩正義》卷七，頁 268。十三經注疏本，藝文印書館印行。
〔註31〕《左傳會箋》第十九，頁 1300。竹添光鴻著，天工書局印行，民國 77 年。
〔註32〕王引之《經義述聞》卷十八，頁 710。臺灣商務印書館印行，民國 68 年。

五、《周禮》秋官之屬

（一）司　寇

1. 莊公二十年：冬，王子頹享五大夫，樂及徧舞。鄭伯聞之，見虢叔曰：
「寡人聞之，哀樂失時，殃咎必至。今王子頹歌舞不倦，樂禍也。
夫司寇行戮，君為之不舉，而況敢樂禍乎？」（卷九，頁 161）

杜預注曰：「司寇，刑官也。」

周朝司寇之官，僅此一見。然成公十一《傳》，曾載「晉郤至與周爭鄇田，王命劉康公、單襄公訟諸晉。郤至曰：『溫，吾故也，故不敢失。』劉子、單子曰：『昔周克商，使諸侯撫封，蘇忿生以溫為司寇，與檀伯達封于河。蘇氏即狄，又不能於狄而奔衛。襄王勞文公而賜之溫，狐氏、陽氏先處之，而後及子。若治其故，則王官之邑也，子安得之？』晉侯使郤至勿敢爭。」（卷二十七，頁457）杜注：「蘇忿生，周武王司寇蘇公也。」〈正義〉曰：「《尚書・立政》云：『周公若曰：「大史、司寇蘇公。」』此《傳》與彼俱言蘇公為司寇，明是一人。」

依此，則武王之時，周已設司寇之官。魯、齊、晉、鄭、衛、宋亦皆有設置。

（二）行　人

1. 襄公二十一年：欒盈過於周，周西鄙掠之。辭於行人曰：「天子陪臣盈，得罪於王之守臣，將逃罪，罪重於郊甸，無所伏竄，敢佈於死。」
（卷三十四，頁 592）

《周禮・秋官・小行人》之職曰：「小行人掌邦國賓客之禮，籍以待四方之使者。……凡四方之使者，大客則擯，小客則受其幣而聽其辭。」〔註33〕故此「行人」為「小行人」也。《會箋》曰：「欒盈以罪出奔，雖非使者，然於是伸其辭，尚有聽辭之遺意。故知此行人為小行人明矣。」〔註34〕然依《周禮》，大小行人皆有受其幣而聽其辭之職，不過區分大事、小事，而決定由大行人或小行人受之。欒盈之事，固為小事，然《左傳》中絕不見行人區分大小，或行人當時不分大小矣。

行人之官於《左傳》中出現次數甚為頻繁，計魯、鄭、衛、晉、秦、宋、吳、陳及巴等國皆設之。

〔註33〕《周禮・秋官》卷三十七，頁 567。
〔註34〕《左傳會箋》第二十一，頁 1141～1142。

六、《周禮》冬官之屬

《周禮》原有〈冬官司空〉，但劉歆校書時，此篇早已亡佚，漢代曾有人以千金懸賞求取而不得，便根據〈天官‧小宰〉：「……六曰冬官，其屬六十，掌邦事」的記載，以〈考工記〉代替。現存〈考工記〉列有工匠三十職，分為攻木、攻金、攻皮、設色、刮摩、摶埴六類。〔註35〕然據《左傳》所見，工匠之種類則又不僅如此。

昭公二十二年《傳》：「王子朝因舊官、百工之喪職秩者與靈、景之族以作亂。」（卷五十，頁874）杜注：「百工，百官也。」此以百官解釋百工，有重複之嫌。故俞樾曰：

> 百工若是百官，則百工之喪職秩者，即舊官耳。於文不幾複乎？且下文云：「百工叛」，豈百官皆叛乎？疑百工之工，乃工匠之工。古者國有六職，百工與居一焉。是亦可謂之職秩也。哀十七年《傳》：「褚師比、公孫彌牟、公文要、司寇亥、司徒期因三匠與拳彌以作亂，皆執利兵，無者執斤。」杜解曰：「斤，工匠所執。蓋百工居肆，其勢常聚，故四民之中，工匠獨強。」王子朝因百工作亂，與衛事正相類，百工非百官也。〔註36〕

依此，知〈考工記〉所補，仍有缺漏也。今就《左傳》所見，論述周之工匠類職官。

（一）陶　正（陶人）

1. 襄公二十五年：昔虞閼父為周陶正。（卷三十六，頁622）

《周禮‧冬官考工記》有陶人一職，載曰：「陶人為甗，實二釜，厚半寸，脣寸。盆，實二釜，厚半寸，脣寸。甑，實二釜，厚半寸，脣寸，七穿。鬲，實五觳，厚半寸，脣寸。庾，實二觳，厚半寸，脣寸。」〔註37〕則陶人者，係製作甗、盆、甑、鬲等器皿之工匠也，陶正則為陶人之長是也。

《西周金文官制研究》說：「裘衛鼎銘文中有『嗣工陶矩』，陶矩之陶可能是陶正之陶，以官為氏。陶正是專門管理製陶業的職官，陳國的祖先就做過周武王的陶正。」〔註38〕然細繹此銘文，所謂「嗣工陶矩」，應指當時擔任嗣

〔註35〕徐啟庭著《周禮漫談》，頁80，頂淵文化事業有限公司出版，民國86年。

〔註36〕俞樾《群經平議》卷二十七，頁7。收於《俞樾箚記五種》上，世界書局印行。

〔註37〕《周禮‧考工記》卷四十一，頁636。

〔註38〕張亞初、劉雨《西周金文官制研究》頁54，北京中華書局印行。

工一職的陶矩，故此時之陶矩已非管理製陶業的職官，而係嗣工之官，只不過其祖先曾擔任過陶矩之官罷了！

陶正之官，僅此一見。

七、其　它

（一）三　吏

　　1. 成公二年：晉侯使鞏朔獻齊捷于周，王弗見。……王使委於三吏，禮之如侯伯克敵使大夫告慶之禮，降於卿禮一等。（卷二十五，頁430）

　　杜注：「三吏，三公也。」〈正義〉曰：「〈曲禮〉云：『五官之長曰伯，其擯於天子也，曰天子之吏。』鄭玄云：『謂三公也。』故知三吏，三公也。」

　　三吏之稱，僅此一見。

（二）卿　士

　　卿士一詞，是否屬於官職之一種？學者有多種不同之看法。楊伯峻於隱公三年，《左傳》初見卿士一詞時，曾說：「《經》書屢見卿士一詞，意義不一。《尚書·洪範》『謀及卿士，謀及庶人』，〈顧命〉『卿士邦君麻冕蟻裳，入即位』卿士似泛指在朝之卿大夫，此廣義之卿士。〈牧誓〉言『是以爲大夫卿士』，則卿士不包括大夫；此卿士義當同于《詩·小雅·十月之交》『皇父卿士，番維司徒』、〈商頌·長發〉『降于卿士，實維阿衡』之卿士，此狹義之卿士。杜注謂『卿士，王卿之執政者』，蓋得之。」〔註39〕則《左傳》之卿士，特指在周王朝執政之官是也。

　　《左傳》中卿士一詞，共九見，其中一半以上，爲王室執政之官，另有一些則是所謂泛指在朝之卿大夫，今敘述如下。

　　1. 隱公三年：鄭武公、莊公爲平王卿士，王貳于虢。（卷三，頁51）

　　杜注：「卿士，王卿之執政者。言父子秉周之政。」

　　2. 隱公八年：夏，虢公忌父始作卿士於周。（卷四，頁74）

　　據隱公三年傳，周王已經有意分政於虢，經過五年，遂正式使虢公爲卿士。故杜注曰：「周人於此遂畀之政。」顧棟高《春秋大事表》引程啓生曰：「鄭伯爲王左卿士，則虢公忌父右卿士也。鄭伯奪政之後，蓋周公黑肩代之，

〔註39〕楊伯峻《春秋左傳注》頁26；楊氏另於定公四年，亦對「卿士」一詞有注，可以參看。源流出版社，民國71年。

故桓公五年，伐鄭之役，虢公將右軍，周公將左軍。」〔註40〕

所謂「虢公忌父右卿士」，《傳》並無明文，程氏蓋據隱公九年《傳》推論之。

3. 隱公九年：宋公不王，鄭伯爲王左卿士，以王命討之，伐宋。（卷四，頁76）

隱公三年及八年傳，論及卿士時，皆只言卿士，未分左右；自八年虢公爲卿士之後，始分左右，可見是周王分政爲二，一爲左卿士；一爲右卿士也。

4. 襄公十年：王叔之宰與伯輿之大夫瑕禽坐獄於王庭。……瑕禽曰：
「……今自王叔之相也，政以賄成，而刑放於寵。」王叔奔晉，
不書，不告也。……單靖公爲卿士以相王室。（卷三十一，頁543）

王叔者，杜預注曰：「王卿士。」以卿士掌王室之政權，《傳》以「相」字稱之；且其後單靖公代王叔，亦以「相」字稱之。可見後世所謂「宰相」，其權位在國君之下、萬民之上，以爲全國最高的權力位階，實源自於此。

綜觀有關王室卿士之記載，春秋前期尚是諸侯爲之，如鄭桓公、虢公之類；但到後期，王的卿士只落在畿內的單、劉、毛、原等族，〔註41〕因此不特不能「夾輔王室」，還常有爭執，卿士譖大夫者有之；彼此爭政者有之；凡此種種，皆宣告著周王的沒落，而王室的號令亦只能行之於畿內了！

卿士一詞，於《左傳》中共九見，除上所引四則之外，尚有宮之奇、子產、子魚之追敘史實以及各一見於魯國、楚國。不過，魯、楚所見，皆爲卿士之泛稱也，故顧棟高將「卿士」一職，視爲周朝獨有之官。〔註42〕

僖公五年，宮之奇於晉侯欲假道於虞以伐虢時，勸諫其君曰：「大伯、虞仲，大王之昭也；大伯不從，是以不嗣。虢仲、虢叔，王季之穆也；爲文王卿士，勳在王室，藏於盟府。將虢是滅，何愛於虞？」（卷十二，頁207）此追敘史實，仍是敘述周朝卿士之職，可知卿士一職，早在周朝開國之初即已

〔註40〕《春秋大事表》卷十，頁621。顧棟高著，景印文淵閣四庫全書，臺灣商務印書館印行。

〔註41〕本文討論之官職，以傳文明言者爲主；其餘《傳》未言，而杜注說明者，則列入注解，僅當參考資料。因此，除了《傳》明言之卿士外，桓公十年：「虢仲譖其大夫詹父於王，詹父有辭，以王師伐虢。」（卷七，頁127）莊公二十七年：「王使召伯廖賜齊侯命。」（卷十，頁237）成公元年：「春，晉侯使瑕嘉平戎于王，單襄公如晉拜成。」（卷二十五，頁782）皆分別注曰：「召伯廖，王卿士也。」；「虢仲，王卿士」；「單襄公，王卿士。」

〔註42〕《見春秋大事表》卷十，頁621

設立，並且是以周王之昭穆爲之，其與周朝關係之密切，由此可知。

又，襄公二十五年，鄭子產獻捷于晉時，戎服將事。……晉人問曰：「何故戎服？」對曰：「我先君武、莊爲平、桓卿士。城濮之役，文公布命曰：『各復舊職。』命我文公戎服輔王，以授楚捷－－不敢廢王命故也。」（卷三十六，頁 623）此亦是追敍前事，以「戎服輔王」而觀，則卿士非只輔佐王事，遇有兵戎之事，亦需襄理，此是軍政合一之制也。

至於魯國所見，則是定公元年之時，《傳》曰：「夏，叔孫成子逆公之喪于乾侯。……叔孫請見子家子。……（子家子）對曰：『若立君，則有卿士、大夫與守龜在，羈弗敢知。若從君者，則貌而出者，入可也；寇而出者，行可也。若羈也，則君知其出也，而未知其入也，羈將逃也。』」（卷五十四，頁 941）此「卿士」蓋泛稱之詞，即在朝之卿大夫、所謂廣義之卿士也。

定公四年，衛國子魚曰：「管、蔡啓商，惎間王室，王於是乎殺管叔，而蔡蔡叔以車七乘、徒七十人。其子蔡仲改行帥德，周公舉之，以爲己卿士，見諸王而命之以蔡。」（卷五十四，頁 949）此所謂「卿士」者，亦爲一般卿大夫之泛稱。

哀公十六年：勝自厲劍，子期之子平見之，曰：「王孫何自厲也？」曰：「勝以直聞，不告女，庸爲直乎？將以殺爾父。」……勝謂石乞曰：「王與二卿士，皆五百人當之，則可矣。」（卷六十，頁 1042）

此卿士者，泛指也；即謂子西與子期。子西此時任令尹之職，而勝謂之「卿士」，知此卿士爲泛指之稱，並非楚有卿士一官也。

（三）官 師

1. 襄公十五年：官師從單靖公逆王后于齊。卿不行，非禮也。（卷三十二，頁 565）

杜預注曰：「官師，劉夏也。天子官師非卿也。」

《禮記·祭法》中亦記載有：「官師一廟。」鄭玄云：「官師，中士、下士也。」賈公彥〈疏〉曰：「官師者，言爲一官之長也。」〔註43〕

依以上所言，則官師之官位並不甚高。《國語·楚語》載左史倚相之言曰：「在輿有旅賁之規，位宁有官師之典，倚几有誦訓之諫，居寢有褻御之箴。」〔註44〕王引之依此記載曰：「《左傳》之官師與工並舉，〈楚語〉之官師與旅賁

〔註43〕《禮記》卷四十六，頁 800。十三經注疏本，藝文印書館印行。
〔註44〕《國語·楚語》卷十七，頁 551。韋昭注，漢京文化事業有限公司出版，民國

並舉，乃是官之小者。」〔註45〕

襄公十四年《傳》亦曾載「師曠侍於晉侯。……對曰：『……故〈夏書〉曰：「遒人以木鐸徇於路，官師相規，工執藝事以諫。」』」（卷三十二，頁563）杜於此注曰：「官師，大夫。」考今《尚書·胤征章》〈孔傳〉曰：「官，眾。眾官更相規闕。」〔註46〕是〈孔傳〉以「官師」為眾官之概稱，非為官職之名也。劉師培以為：「古代官名，多沿軍人之稱，故軍官以正、長、師、旅區貴賤；廷臣亦以正、長、師、旅別尊卑。」〔註47〕則所謂「官師者，言為一官之長也」殆為可信。

除此之外，周朝尚有所謂之「王官伯」。昭公十一年《傳》：「單子會韓宣于戚。視下言徐。韓宣子曰：「單子其將死乎？……今單子為王官伯，而命事於會，視不登帶，言不過步。」（卷四十五，頁786～787）《漢書·五行志》引此傳文，顏師古注曰：「伯，長也。」〔註48〕既為王官之長，則為王之卿士也。

（四）尉　氏

1. 襄二十一年：欒盈過於周，周西鄙掠之。辭於行人曰：「……將歸死於尉氏，不敢還矣。」（卷三十四，頁592～593）

〈正義〉曰：「歸死尉氏，猶言歸死司敗，明尉氏主刑人，故為討姦之官。《周禮·司寇》之屬無尉氏之官，蓋周室既衰，官名改易，於時有此官耳。」汪中文亦以為：「『歸死于尉氏』與前引『歸死司敗』、『歸死于司寇』義同，蓋或時代不同而官名改易，或國別不同，而官稱特殊。楊筠如〈周代官名略考〉亦云：『司寇一名尉氏』，並引魏絳語為證。」〔註49〕

晉國有中軍尉、中軍尉佐之職，亦為掌刑法之官。《漢書·地理志》〈尉氏〉下應劭注曰：「古獄官曰尉氏。」而秦蕙田《五禮通考》則於引此《傳》文之後曰：「漢以廷尉主刑名，蓋因於此。」〔註50〕

72年。

〔註45〕王引之《經義述聞》卷十八，頁708～709。臺灣商務印書館印行，民國68年。

〔註46〕《尚書·胤征》卷七，頁102。十三經注疏本，藝文印書館印行。

〔註47〕劉師培〈論歷代中央官制之變遷〉頁3303～3304。收於《國粹學報·政篇》第二十八期。

〔註48〕《漢書·五行志》卷二十七中之上，頁1362。班固撰，顏師古注，宏業書局印行，民國73年。

〔註49〕汪中文《兩周官制論稿》頁104，復文圖書出版社出版，民國82年。

〔註50〕秦蕙田《五禮通考》卷二百十六，頁1。聖環圖書有限公司印行，民國83年。

（五）公　族

1. 定公七年：王入于王城，館于公族黨氏。（卷五十五，頁962）

杜注：「黨氏，周大夫。」

「公族」一詞之意有二，一指公之族，為所有國君親族之泛稱，另又可指管理公族的人而言，為一特定官職之名稱。《詩經》中「公族」一詞二見，而〈毛傳〉與〈鄭箋〉之解釋，正好一為泛稱，一為特稱也。〈麟之趾〉曰：「麟之角，振振公族」，《毛傳》曰：「公族，公同祖也。」；〈汾沮洳〉：「美如玉，殊異乎公族」，〈鄭箋〉曰：「主君同姓昭穆也。」〔註51〕此「主」字為動詞，故揆諸〈鄭箋〉之意，此當為一官職名稱也。

《左傳》此則記載雖無法見出其究竟為公族之泛稱或特定之官名，然由金文所見及晉國之職官，可對此官職有更進一步的了解。

張亞初、劉雨於金文中見有公族之職，其曰：

公之族是與周王血緣關係親近的同姓貴族，所以管理公族之人往往地位十分尊崇顯赫。例如番生殷之番生是管理公族的，其銘文曰：「王令嫠嗣公族、卿士、大史寮。」番生管理公族，同時又總管卿事寮和太史寮，顯然是管理百官的顯貴。〈毛公鼎〉銘文：「命汝嫠嗣公族與參有嗣、小子、師氏、虎臣、雩朕褻事。」毛公所管的事除了公族以外，還管理司徒、司馬、司空這三有司，以及小子、師氏、虎臣這些侍從副官，此外還管理"褻事"，即周王生活起居等近身諸吏，毛公的地位與番生不相上下，所以文獻上所說的管理公族的人身份是大夫，稱為公族大夫，這種情況恐怕只符合東周的情況。從西周銘文看，管理公族和三有司的人的身份都相當于冢宰，都是德高望重的人，這一點，當可補充文獻記載之不足。〔註52〕

至於晉國之公族，見於傳文之記載有甚多。最足以說明其職掌者，莫過於成公十八年：「荀家、荀會、欒黶、韓無忌為公族大夫，使訓卿之子弟共儉孝弟。」（卷二十八，頁486）此云「使訓卿之子弟共儉孝弟」，故可知是負責教誨公族子弟之官也。只不過金文所見之公族身份高貴，可媲美冢宰；而傳文所見，晉國之公族僅為大夫，地位已不如金文所載了！

〔註51〕分見《詩經》卷一，頁45；卷五，頁208。
〔註52〕張亞初、劉雨《西周金文官制研究》頁39～40，北京中華書局印行。

八、小　結

綜觀周朝之職官，以之與《周禮》比較，可得如下表：

《周禮》六官歸屬	官 名	《 左 傳 》 記 事	出現次數	備 註
天官	宰	（1）（隱元）來歸惠公、仲子之賵。（2）（桓4）來聘。（3）（僖9）公會宰周公……，王使宰孔賜齊侯胙。（4）（僖30）天王使宰周公來聘	5	（1）宰臣均見載於《經》。（2）文公以後不見宰臣之出現，或許是周王室沒落之表徵。
	宰 旅	（襄26）晉士起曰：「將歸事於宰旅。」	1	
	膳 夫	（莊19）（王）收膳夫之秩	1	
地官	司 徒	（1）（襄21）使司徒禁掠欒氏（2）（昭22）司徒醜以王師敗績于前城	2	司徒亦掌軍
	師（師氏）	（莊19）王姚嬖于莊王，生子頹，蒍國為之師。	1	
地官	大 師（師氏）	（僖26）昔周公、大公股肱周室……載在盟府，大師職之。	1	
春官	泠（樂師）	（昭21）泠州鳩曰：「王其以心疾死乎？」	1	
	卜 正（太卜）	（隱11）滕侯曰：「我，周之卜正也。」	1	
	大 史	（1）（莊22）周史有以《周易》見陳侯者，陳侯使筮之。（2）（哀6）楚子使問諸周大史。	2	
	內 史	（1）（桓2）周內史聞之，曰：「臧孫達其有後於魯乎？」。（2）（莊32）惠王問諸內史過。（3）（僖11）天王使召武公、內史過賜晉侯命。（4）（僖16）宋襄公問吉凶。（5）（僖28）策命晉侯為侯伯。（6）（文元）至魯會葬。（7）（文14）預言宋、齊、晉之君將死亂。（8）（襄10）選偪陽子之族嗣，納之	8	
夏官	候	（襄21）出欒氏於轘轅	1	
	御 士	（1）（僖24）禦狄師。（2）（襄30）單公子愆期為靈王御士。	2	
秋官	司 寇	（莊20）司寇行戮，君為之不舉	1	
	行 人	（襄21）欒盈辭於行人	1	
冬官	陶 正	（襄25）昔虞閼父為周陶正	1	
其它	三 吏	（成2）以接待鞏朔之事委於三吏	1	
	卿 士	（1）（隱3）鄭武公、莊公為平王卿士。（2）（隱8）虢公忌父始作卿士於周。（3）（隱9）鄭伯為王左卿士。（4）（襄10）單靖公為卿士以相王室	4	鄭伯為王左卿士
	官 師	（1）（襄15）官師從單靖公逆王后于齊	1	
	尉 氏	（襄21）將歸死于尉氏	1	
	公 族	（定7）王館于公族黨氏。	1	

職　官　別	總　數	比　例
天　　官	3	15%
地　　官	3	15%
春　　官	4	20%
夏　　官	2	10%
秋　　官	2	10%
冬　　官	1	5%
其　　它	5	25%
合　　計	20	100%

　　根據統計，周朝職官共有二十類；六官之中，以春官之類出現為最多；其次則為天官與地官。其中最主要的官職為「宰」，因為「宰」負責王室所有事務，且多為至各分封國家傳達周王命令之性質，故其頻率之高，本是當然。至於可與「宰」職相提並論者，無疑要推春官之屬的內史與其它類的卿士二職。

　　內史出現之高，蓋與其「知往鑑今」以及「通曉卜筮」大有相關。至於其所掌之「策命侯伯」之職，與「宰」職有些重覆。此或許可以說明，在周王室之中，內史仍然維持在相當高之地位；至於卿士一職，既由原本的大諸侯擔任，演變成畿內之侯伯，則其地位之滑落，已成事實；不過，此卿士也仍然負責過「策命侯伯」之事，可見在王室當中，出現頻率甚高的三種職官，均曾有過相當高貴的地位，只是由於時移事遷，客觀形勢的巨大改變，終使王室中衰，不復最初的天下共主地位。

　　周朝宰與內史之職責與《周禮》所載甚為接近，至於卿士則是周朝獨有之官。除此之外，除去傳文無明文記載，如膳夫、太子之師、卜正、陶正之類，其餘宰旅、司徒、大師、大史、候、御士、司寇、行人等職，其職掌事務與《周禮》所載皆十分接近，可見《周禮》與周朝職官彼此是可以互相印證、補足的。

第三章 列國職官考述——魯、鄭、衛職官

　　春秋之時，魯、鄭、衛同屬姬姓之國，在宗法及制度上均有極密切之關係。就宗法關係上言，魯國為周公受封之處，周公輔武王相成王，故使伯禽代就封於魯。再者，鄭國始封為桓公友，乃周厲王少子，而宣王庶弟也；至於衛之始祖，則是衛康叔封，康叔為武王同母少弟。因此，魯、鄭、衛皆為姬姓之國，在宗法上亦為同宗之國。

　　再從官制上觀，劉起釪說：「魯所見六十六官名中，無與周室之官名殊異者。衛所見三十官名亦然。鄭所見三十七官名中，僅春秋末年所見開卜一官與周卜正稍異（可為卜正屬官），而與楚開卜同。似為受楚偪所蒙影響，而其全部制度固與周一致。故周、魯、衛、鄭實為一系統。」〔註1〕周為天下共主，已列於本文之首；至於魯、衛、鄭三國則同置於本章討論。

第一節　魯國職官

　　武王破殷入商後，徧封功臣與同姓親戚，封周公旦於少昊之虛曲阜，是為魯公。當時周公並未就封；武王崩，周公又相成王，乃使其子伯禽代就封於魯。伯禽傳世十三至隱公攝主國事，即為《左傳》記事之始。

　　周公因助武王取得天下，並且輔佐成王，是以受封之時不但賞賜豐盛，

〔註1〕劉起釪〈《周禮》是春秋時周魯衛鄭官制的產物〉頁18，收於《中國文哲研究通訊》第三卷，民國82年。

而且享有不少特權，例如「世世祀周公以天子之禮樂」；又如「凡四代之器、服、官，魯兼用之。是故，魯，王禮也，天下傳之久矣。」〔註2〕由此可知，春秋之時，魯國之地位可謂非常特殊。

《左傳》定公四年記載衛國大祝祝佗之語曰：

> 昔武王克商，成王定之，選建明德，以藩屏周。故周公相王室，以尹天下，於周爲睦。分魯公以大路、大旂。夏后氏之璜，封父之繁弱，殷民六族，條氏、徐氏、蕭氏、索氏、長勺氏、尾勺氏，使帥其宗氏，輯其分族，將其類醜，以法則周公，即命于周，是使之職事于魯，以昭周公之明德。分之土田陪敦、祝、宗、卜、史、備物、典策、官司、彝器，因商奄之民，命以伯禽，而封於少皞之虛。（卷五十四，頁947～948）

周天子分封魯國，並賞賜官吏百物，其中，特別賞賜祝、宗、卜、史四等官職，可見，這些掌管祭祀、史事之官吏十分受到周天子的重視，是以特別加以賞賜。劉起釪從成公十三年傳：「國之大事，在祀與戎。」的傳文引申，認爲從氏族設立軍事首長職位起到國家的形成，「祀」與「戎」（軍事、審判）的職務都是最重要的，國家的最高職位必須掌握軍事（包括司法）和祭祀兩項要政。……由卜辭看出商代統治者的大量活動，就是祭祀和戰爭，因而司祭祀貞卜等的尹、史、卜之類的文官及司征伐的武官，都是商王朝的重要臣正。〔註3〕

由這樣的論點，可以妥切的解釋，爲什麼周天子在分封魯國之時，要特別賞賜祝、宗、卜、史等官職了！

因此，可以說，魯國之官制，在諸國當中，與周朝的制度精神，最能互相吻合；同時，也傳襲了當初周公設官分職的用意。竹添光鴻於《左傳會箋》中曾說：

> 魯司徒、司馬、司空三官，爲三家世職，漢以大司徒、大司馬、大司空爲三公，即用魯制。《周禮》六官之號，惟魯備見於《傳》。特隨時更易，廢置無常，今於三家之外考之。隱二年司空無駭卒；十一年，羽父將以求太宰；文二年夏父弗忌爲宗伯；十八年季文子使司寇出諸竟；襄二十一年季武子謂臧武仲爲司寇，六官之名，無一

〔註2〕《禮記・明堂位》卷三十一，頁577、584。十三經注疏本，藝文印書館印行。
〔註3〕參見劉起釪《〈洪範〉成書時代考》，頁13，《中國社會科學》1980年第3期。

不具。然羽父之求太宰，欲總政已，魯實本無此官。故《傳》中亦不復見。哀三年，命宰人出禮書，杜云：『宰人，冢宰之屬。』冢宰不設，但存其屬而已。司空之官，孟氏未立以前，展氏嘗爲之。宗伯之官，弗忌而外，他不復見。哀二十六年，將以公子荊之母爲夫人，使宗人釁夏獻其禮。此時亦久無宗伯，而惟存宗人一官。至於司寇一職，臧氏爲之最久，自武仲見逐，此官亦無常職。至定公時，則孔子爲之矣。〔註4〕

「《周禮》六官之號，惟魯備見於《傳》」，此一語明確道出魯國官制與《周禮》關連的密切性。此關係之所以緊密，一方面固然因爲魯爲周公之後，於制度上本與周朝相近；再者，則因爲《春秋》本爲魯史而作，是以做爲春秋三傳之一的《左傳》，自然而然地對於魯國事務也會有較爲詳盡的描述了！

魯國之設官分職除周王分封之祝、宗、卜、史之外，尚有《周禮》六官之號、以及一些不見於《周禮》、魯國個別設置的官職。

在爵位等級上，昭公四年《傳》曰：「十二月，癸丑，叔孫不食，乙卯，卒，牛立昭子而相之。公使杜洩葬叔孫，豎牛賂叔仲昭子與南遺，使惡杜洩於季孫而去之。杜洩將以路葬，且盡卿禮，南遺謂季孫曰：『叔孫未乘路，葬焉用之？且冢卿無路，介卿以葬，不亦左乎？』季孫曰：『然。』使杜洩舍路，不可。曰：『夫子受命於朝而聘於王，王思舊勳而賜之路，復命，而致之君。君不敢逆王命，而復賜之，使三官書之。吾子爲司徒，實書名；夫子爲司馬，與工正書服；孟孫爲司空以書勳。』」（卷四十二，頁734）

本段文字亦呈現魯國官制與周王的密切性；同時也說明大國三卿皆命于王的事實。另外，魯國三卿雖同時掌政；然，其中又有區分高下，是以南遺稱季孫爲冢卿、叔孫爲介卿。此三官者，孟孫、仲孫、季孫，皆桓公之後，故稱三桓也。襄公二十九年《傳》載吳公子札稱叔孫穆子「爲魯宗卿，而任其大政」（卷三十九，頁667）知魯國以同宗爲卿，且以宗卿任國之大政。

終《左傳》所載之魯國大事，宣公以前，內朝由公子、公孫執掌國家政柄，外朝卿大夫集團居下位；宣公之後，卿大夫勢力崛起，掌握了國家大權，公子、公孫集團退居其次。〔註5〕

〔註4〕《左傳會箋》第二十一，頁1420。竹添光鴻著，天工書局印行，民國77年。
〔註5〕見《周代國家政權研究》頁45，郝鐵川著。黃山書社，1990年。又，三桓系統在宣公以前，尚可稱爲公子、公孫系統；宣公之後，則爲卿大夫，故魯國

以下即依《周禮》六官之系統，分別考述魯國官職與其所職司。

一、《周禮》天官之屬

（一）大　宰

1. 隱公十一年：羽父請殺桓公，將以求太宰。（卷四，頁 82）

〈正義〉曰：「天子六卿，天官爲太宰。諸侯則并六爲三，而兼職焉。昭四年傳稱，季孫爲司徒；叔孫爲司馬；孟孫爲司空，則魯之三卿無太宰。羽父名見于《經》，已是卿矣，而復求太宰，蓋欲令魯設是官，以榮己耳，以後更無太宰，知魯竟不立之。」〔註6〕不過，郭克煜等在《魯國史》一書中提出：「魯傳世銅器中有『魯太宰邍父殷』，銘文云：『魯太宰邍父作季姬牙賸殷，其萬年眉壽，永寶用。』表明魯國曾設有太宰一職。……魯器中既然有自銘『太宰』之器，還是承認魯曾設有此職爲當。其職掌當以佐君治理公室爲主，類後世的公室總管。春秋初魯可能還仍有此官，其後公室衰微，尤其是三桓三分公室以後，其職已不受重視，故不見于經傳也不足爲奇。」〔註7〕

太宰之官，爲天官之首長。《傳》於定公四年時曾敘述武王時事曰：「武王之母弟八人，周公爲大宰，康叔爲司寇，聃季爲司空。」（卷五十四，頁 949）以周公爲第一順位之稱擔任大宰，可見當時大宰確是百官之長也。

又《史記·魯周公世家》於記載羽父之事時，寫道：「十一年冬，公子揮諂謂隱公曰：『百姓便君，君其遂立，吾請爲君殺子允，君以我爲相。』」〔註8〕漢代以相國、丞相掌丞天子助理萬機〔註9〕，爲漢代最高行政長官，故司馬遷以「相」比大宰也。

　　之政權實際上一直由三桓掌居大部分政柄。

〔註6〕魯國究竟有無設立大宰之官？正義以爲「終不立之」；而劉師培則從官職貴賤無常的角度，以爲「隱公十一年羽父求大宰，則魯之政權，悉歸於大宰矣。厥後，則季孫爲司徒，叔孫爲司馬，孟孫爲司空爲魯國三卿，而大宰之官不顯。」劉師培〈論歷代中央官制之變遷〉頁 3301，收於《國粹學報》第二十七期。其說法同於郭克煜等人之論。

〔註7〕郭克煜、梁萬健、陳東、楊朝明等著《魯國史》頁 157。北京人民出版社發行，1994 年。

〔註8〕《史記會注考證》卷三十三，頁 2588。司馬遷撰，瀧川龜太郎考證。天工書局印行，民國 78 年。

〔註9〕《漢書·百官公卿表》第七上，頁 725。班固撰，顏師古注，宏業書局印行，民國 73 年。

　　然此周代之重臣，在周以前，是否亦是尊貴之職？劉師培以爲：「周代六卿，首列太宰。宰本罪人執釁之稱。宰夫諸職下至列國均掌割烹。而太宰以下之官，又大抵皆天子私臣，以供天子之使令。蓋太宰本係掌膳之臣，因周公爲此官，復有輔周之績，因升太宰爲首輔，以冠六卿。」〔註10〕觀諸《左傳》中列國大宰官位之高低，足可印證官職貴賤本無常之理。

　　列國之間設有大宰或宰之職者，除魯之外，尚有周、鄭、宋、楚、吳、越等國。羽父欲以殺桓公而得大宰之位，足見其官爲百官之長；然而，宋國桓公二年時，曾有大宰督，官位尚高；然至成公十五年，向帶爲大宰之時，其位已落至右師、左師、司馬、司徒等之後了！吳、楚、越之大宰，皆以他國之羈臣爲之，於楚官位不高，但在吳國，則頗有執政之氣勢。

（二）左　宰

1. 襄公二十三年：季氏以公鉏爲馬正，慍而不出。閔子馬見之，曰：「子無然，禍福無門，唯人所召。……公鉏然之，敬共朝夕，恪居官次。季孫喜，使飲己酒，而以具往，盡舍旃。故公鉏氏富，又出爲公左宰。（卷三十五，頁605）

　　此處僅敘官職，並未明言其所掌職責。杜預注曰：「自家臣仕于公也。」而顧棟高曰：「魯有左宰，即當復有右宰；衛有右宰，即當復有左宰，然不知其所掌何職也。」〔註11〕

　　左宰之官，僅於魯國一見。

（三）宰　人（宰夫）

1. 哀公三年：桓、僖災。……子服景伯至，命宰人出禮書以待命。（卷五十七，頁998）

　　宰人者，即《周禮》所謂「宰夫」，爲冢宰之屬。《周禮・天官・宰夫》職曰：「凡禮事，贊小宰比官府之具」，又云：「凡朝覲、會同、賓客以牢禮之法掌其牢禮」〔註12〕云云，即掌「治朝之法」也。既掌其法與禮數，必有其書。又〈春官・太史〉云：「大祭祀，與執事卜日戒及宿之日，與群執事讀禮書而協事」，即此之禮書也。平日或由宰夫掌，故此命宰夫出之。

　　此官僅見於魯國。

〔註10〕劉師培〈論歷代中央官制之變遷〉頁3301，收於《國粹學報》第二十七期。
〔註11〕顧棟高《春秋大事表》卷十，頁622。景印文淵閣四庫全書。
〔註12〕《周禮・天官》卷三，頁48。

（四）饔　人

1. 昭公二十五年：「季姒與饔人檀通。」（卷五十一，頁 892）

饔人，食官也，《周禮・天官》有內饔外饔，俱中士四人，下士八人。內饔職曰：「凡王之好賜肉脩，則饔人共之。」則內饔亦簡稱饔人。〔註 13〕

《傳》於此未明言饔人之職掌。然襄公二十八年，《傳》載齊國之事：「公膳日雙雞，饔人竊更之以鶩。御者知之，則去其肉，而以其洎饋。」（卷三十八，頁 654）則饔人者，掌管國君飲食之事也，此例可援引作爲魯國饔人之職掌。

饔人之官，僅見於魯、齊二國。

（五）府　人

1. 昭公三十二年：：「公疾，徧賜大夫，大夫不受。賜子家子雙琥、一環、一璧、輕服。受之，大夫皆受其賜。己未，公薨，子家子反賜于府人。曰：『吾不敢逆君命也。』」（卷五十三，頁 933）

《周禮》中無「府人」之稱謂，然於〈天官〉有太府、玉府、內府、外府等職。〈太府〉「掌九貢、九賦、九功之貳，以受其貨賄之入」；〈玉府〉掌「凡王之獻金玉、兵器、文織良貨賄之物，受而藏之。凡王之好賜，共其貨賄。」〈內府〉掌「九貢、九賦、九功之貨賄、良兵、良器，以待邦之大用。」〈外府〉掌「邦布之入出，以共百物而待邦之用。」〔註 14〕或如內饔之簡稱「饔人」一般，玉府等亦可稱爲「府人」。故《會箋》以爲，雖侯國與王制異，然府人司賜予之物，猶太府、玉府、內府、外府所掌矣。〔註 15〕

「府人」之官名，分別見於魯、鄭、晉、宋四國。晉之府無虛月、宋司城蕩意諸效節於府人而出；鄭之府人則於火災時儆其事，以此四國之府人職司之事而觀，其與《周禮》之記載確有相符。

（六）侍　人（寺人）

1. 昭公二十五年：「公果、公賁使侍人僚柤告公。」（卷五十一，頁 893）

杜曰：「侍人，本亦作寺人。」

《周禮・春官・寺人》掌王之內人及女宮之戒令，相道其出入之事而糾之。〔註 16〕

〔註 13〕《周禮・天官》卷四，頁 61～62。
〔註 14〕《周禮・天官》卷六，頁 95、96、98。
〔註 15〕《左傳會箋》第二十六，頁 1763。竹添光鴻著，天工書局印行，民國 77 年。
〔註 16〕《周禮・天官》卷七，頁 115。

此寺人擔任居中傳遞訊息之責。寺人之職，魯、衛、晉、齊、宋五國皆有。

（七）司　宮

1. 昭公五年：南遺使國人助豎牛，以攻諸大庫之庭，司宮射之，中目而死。（卷四十三，頁743）

司宮者，奄臣也。襄公九年杜預注曰：「司宮，奄臣，……皆掌宮內之事。」

鄭、楚、魯、宋皆有「司宮」之官名。其中以昭公五年「楚子欲以韓起爲閽，以羊舌肸爲司宮。」最足以說明「司宮」一職之性質。蓋若司宮爲尊貴之官職，則楚子無法達到辱晉的地步；必是司宮爲奄臣，是以楚子方能突發奇想，欲以此辱晉也。

二、《周禮》地官之屬

（一）司　徒

1. 昭公四年：（季孫）使杜洩舍路，不可。曰：「夫子受命於朝而聘於王，王思舊勳而賜之路，復命，而致之君。君不敢逆王命，而復賜之，使三官書之。吾子爲司徒，實書名。」（卷四十二，頁734）

此明言季孫爲司徒也，且掌記載策勳之事。《周禮》大司徒掌十二教，其中十有一曰「以賢制爵」；十二有二曰「以庸制祿」，故司徒書名定號也。〔註17〕

（二）公　傅

1. 閔公二年：「初，公傅奪卜齮田，公不禁。」（卷十一，頁190）

杜預注曰：「公即位年八歲，知愛其傅，而遂成其意。」顧棟高則曰：「公即位年八歲，此傅當亦公子時傅，猶楚潘崇爲太子師，穆王即位，使爲太師是也。」〔註18〕《周禮‧地官》有〈師氏〉一職，「掌以媺詔王。以三德教國子：一曰至德，以爲道本；二曰敏德，以爲行本；三曰孝德，以知逆惡。教三行：一曰孝行，以親父母；二曰友行，以尊賢良；三曰順行，以事師長。」鄭注曰：「告王以善道也。〈文王世子〉曰：『師也者，教之以事，而諭諸德者也。』」〔註19〕

以〈師氏〉之職掌而觀，爲世子挑選師傅，必是極爲賢德博學之人，方能膺此重任；然此爲閔公傅者卻不然。故《會箋》以爲：「古者人君爲太子置

〔註17〕《周禮‧地官》卷十，頁151。
〔註18〕顧棟高《春秋大事表》卷十，頁594。
〔註19〕《周禮‧地官》卷十四，頁210。

賢師傅，師道之教訓，傳傳之德義，今公傳貪而忘義，則其所以傳太子者，亦可知也。傳恃嗣君以害人，適足以殺嗣君而已。公即位年八歲，則今年甫十歲，安能辨其曲直而禁之？」〔註20〕

（三）隧　正（隧人）

1. 襄公七年：南遺爲費宰，叔仲昭伯爲隧正。欲善季氏，而求媚於南遺，謂遺：「請城費，吾多與而役。」故季氏城費。（卷三十，頁520）

杜曰：「隧正，主役徒。」〈正義〉曰：「隧正，官名當《周禮》之隧人也。掌諸遂之政令，徒役出諸遂之民，故爲主役徒者。」另襄公二十三年，孟氏打算開掘墓道，向臧氏借用徒役，臧孫便使正夫去幫忙。杜預於此注曰：「正夫，隧正。」〈正義〉亦曰：「役夫隧正所主，知此正夫是隧正也。」然二事相距不過十六年，而前稱〈隧正〉後稱〈正夫〉；二者應當不屬於同一官職。且隧正者，具有分派徒役的權力；而正夫卻是實際參與勞役之人，正夫者，當爲遂人之屬，徒之類也。

（四）縣　人（縣正）

1. 文公十五年：齊人或爲孟氏謀，曰：「魯，爾親也。飾棺實諸堂阜，魯必取之。」卞人以告。（卷十九，頁338）

杜曰：「卞邑大夫。」

2. 襄公十年：晉荀偃士匄請伐偪陽而封宋向戌焉，……偪陽人啓門，諸侯之士門焉，縣門發，郰人紇抉之，以出門者。（卷三十一，頁538）

杜注：「紇，郰邑大夫。」〈正義〉曰：「公邑大夫，皆以邑名冠之，呼爲某人。」

3. 昭公四年：大雨雹，季武子問於申豐。曰：『其藏冰也。……山人取之，縣人傳之。」（卷四十二，頁729）

杜曰：「縣人，遂屬。」〈正義〉曰：「五縣爲遂，是縣爲遂之屬也。」
《周禮》有縣正一職，以下大夫一人擔任。《周禮》遂人之職下有「五鄙爲縣，五縣爲遂，皆有地域，溝樹之。使各掌其政令刑禁，以歲時稽其人民，而授之田野，簡其兵器，教之稼穡。」〔註21〕知縣爲遂人之屬，其地域次於遂而大於鄙。

〔註20〕《左傳會箋》第四，頁306。
〔註21〕《周禮・地官》卷十五，頁232。

顧棟高曰：「宰本家臣之名，而邑長亦稱宰。〈正義〉曰：『公邑稱大夫，私邑稱宰』；然昭二十六年傳：『成大夫公孫朝』，是私邑亦稱大夫；哀八年傳，『王犯嘗爲武城宰』，是公邑亦稱宰也。」〔註22〕

（五）山人、虞人（山虞）

1. 昭公四年：大雨雹，季武子問於申豐。曰：「其藏冰也。……山人取之，縣人傳之。」（卷四十二，頁729）

杜曰：「山人，虞官。」〈正義〉曰：「《周禮·山虞》掌山林之政令，知山人，虞官也。」考《周禮》中〈山虞〉之編制，係以山之大小爲區分標準。每大山中士四人；中山下士六人；小山下士二人，山人或即掌大中小山之〈山虞〉官員之簡稱也。

2. 定公八年：陽虎前驅，林楚御桓子，虞人以鈹、盾夾之。（卷五十五，頁966）

3. 哀公十四年：西狩於大野，叔孫氏之車子鉏商獲麟，以爲不祥，以賜虞人。（卷五十九，頁1031）

杜曰：「虞人，掌山澤之官。」

《周禮·地官》有山虞、澤虞；〈山虞〉之職爲：「掌山林之政令，物爲之厲，而爲之守禁」；澤虞之職爲「掌國澤之政令，爲之厲禁。」〔註23〕則虞人爲山虞、澤虞之通稱也。

襄公四年，因爲晉侯好田，魏絳勸諫時，曾引周辛甲爲大史時所作之〈虞人之箴〉。其辭曰：『芒芒禹跡，畫爲九州，經啓九道。民有寢、廟，獸有茂草；各有攸處，德用不擾。在帝夷羿，冒于原獸，忘其國恤，而思其麀牡。武不可重，用不恢于夏家。獸臣司原，敢告僕夫。』（卷二十九，頁506）此正可作爲虞人職務之說明。虞人之官，除周〈虞人之箴〉與魯國三見之外，另只見於齊國。

三、《周禮》春官之屬

（一）宗　伯

《周禮·春官·大宗伯》曰：「掌建邦之天神、人鬼、地祇之禮」；〈小宗

伯〉曰：「掌建國之神位，右社稷，左宗廟。……掌四時祭祀之序事與其禮。」
〔註24〕諸侯之官所掌亦當然也。於魯國所見，則除宗伯之外，尚有宗人、家
宗人之職。

    1. 文公二年：秋八月丁卯，大事於大廟，躋僖公，逆祀也。於是夏父弗
       忌爲宗伯。（卷十八，頁302）

    杜曰：「宗伯掌宗廟昭穆之禮。」《周禮·春官·大宗伯》曰：「掌建邦之
天神、人鬼、地祇之禮」；〈小宗伯〉曰：「掌建國之神位，右社稷，左宗廟。……
掌四時祭祀之序事與其禮。」〔註25〕因此，諸侯之官所掌亦當然也。

    〈魯語〉亦記載此事曰：「夏公弗忌爲宗，蒸，將躋僖公。宗有司曰：『非
昭穆也！』曰：『我爲宗伯，明者爲昭，其次爲穆，何常之有？』」〔註26〕上
文曰「夏公弗忌爲宗」；下文夏公弗忌則自道：「我爲『宗伯』」，則「宗伯」
者，亦可簡稱爲「宗」也。

    《左傳》二百四十二年間，「宗伯」一職，僅於魯國一見。王貴民在《商
周制度考信》中說：「《周禮·春官》的宗伯，西周金文尚未出現，只出現於
春秋的《桓子孟姜壺》。西周金文中的『公族』，近人以爲相當於宗伯。宗伯
是『掌邦禮』，主要是祭禮，以禮的形式維護統治宗族包括王朝與同姓封國之
間的團結，職務相當重要。」〔註27〕

    楊朝明以爲：「魯國在當時諸侯國中有特殊地位。……如周王室的職官『宗
伯』、『太宰』、『大司徒』等，魯即有之。如替國君掌管祭祀的『宗伯』，其他
國家只稱『宗』或『宗人』，有『宗伯』之稱的只有周王室和魯國。」「宗伯」
或可簡稱爲「宗」，前文已引《國語》爲證；至於其它國家未有「宗伯」一官，
僅稱「宗人」，則是事實，這的確應該與魯國的特殊地位有所關連。〔註28〕

    後世不設宗伯之官，〈春官〉所掌職責，改隸「禮部」。

（二）工、瞽

    魯國瞽矇之歌誦詩章，不若鄭聲之淫靡動人，然而爲季札歌各國風謠，

〔註24〕《周禮·春官》卷十八、卷十九。
〔註25〕《周禮·春官》卷十八、卷十九。
〔註26〕《國語》卷四，〈魯語上〉頁173～174。韋昭注，漢京文化事業有限公司出版，
      民國72年。
〔註27〕見王貴民《商周制度考信》，頁191～192。明文書局印行，民國78年。
〔註28〕楊朝明〈魯國的歷史地位與魯國史研究〉頁4，收於《史學集刊》1995年第4
      期。

卻是令人印象深刻。這些歌誦詩篇的樂工，在《周禮》中爲瞽矇所掌；魯國之樂工當亦爲瞽矇也。

1. 襄公二十八年：叔孫穆子食慶封，慶封氾祭，穆子不說，使工爲之誦〈茅鴟〉。（卷三十八，頁 655）

杜曰：「工，樂師。」杜預於此所言之樂師係泛謂之詞，蓋《周禮·春官》有樂師一職，爲樂官之長也。此工僅任誦詩之工作，知其非樂師也。〈春官〉中之瞽矇爲大師之屬，專門負責掌播鞀、柷、敔、塤、簫、管、弦、歌。諷誦詩，世奠繫，鼓琴瑟。掌〈九德〉、六詩之歌，以役大師」也。「工誦〈茅鴟〉」與瞽矇之職「諷誦詩」相合。

2. 襄公二十九年：吳公子札來聘，……使工爲之歌〈周南〉、〈召南〉。（卷三十九，頁 666）

顧棟高曰：「《周禮·春官·太師》下大夫二人，小師，上士四人，其下有瞽矇之屬。鄭注云：『凡樂之歌，必使瞽矇爲焉。其賢知者以爲太師少師。〈魯語〉有太師摯，少師陽，而《傳》無之。今以昭九年傳合之〈檀弓〉所載，則是太師以下通謂之工。』」〔註29〕

3. 昭公十七年：夏六月甲戌朔，日有食之，祝史請所用幣……樂奏鼓，祝用幣，史用辭。……瞽奏鼓，嗇夫馳，庶人走。（卷四十八，頁 834～835）

〈正義〉曰：「樂奏鼓與下文瞽奏鼓一也。樂謂作樂之人，即瞽矇也。」〈春官·瞽矇〉之職中有「鼓琴瑟」一項，與此職務相同。

（三）卜

1. 桓公六年

九月丁卯，子同生。以太子生之禮舉之。接以太牢，卜士負之，士妻食之。（卷六，頁 112）

杜曰：「禮，世子生，卜士負之，射人以桑弧蓬矢，射天地四方，卜士之妻爲乳母。」

此有「卜」之事實，而無卜人之名。

2. 閔公二年：初，公傅奪卜齮田，公不禁。秋八月辛丑，共仲使卜齮賊公于武闈。（卷十一，頁 190）

此以卜爲氏也，故《禮記·檀弓》上有：「魯莊公及宋人戰于乘丘，縣賁父御，卜國爲右。」閔公二年亦有卜楚丘。

3. 閔公二年：成季之將生也，桓公使卜楚丘之父卜之。……又筮之。（卷十一，頁190）

杜曰：「卜楚丘，魯掌卜大夫。」而昭公三年，晉史墨曰：「昔成季友，桓之季也，文姜之愛子也。始震而卜，卜人曰：『生有嘉聞，其名曰友，爲公室輔。』及生，如卜人言。」此卜楚丘既可卜又可筮，足見卜筮的合流現象。

4. 文公十一年：鄋瞞侵齊，遂伐我，公卜使叔孫得臣追之，吉。（卷十九，頁328）

5. 文公十八年：齊侯戒師期，而有疾。醫曰：「不及秋，將死。」公聞之，卜，曰：「尚無及期。」惠伯令龜，卜楚丘占之。曰：「齊侯不及期，非疾也。君亦不聞，令龜有咎。」（卷二十，頁351）

6. 襄公七年：夏四月，三卜郊，不從，乃免牲。孟獻子曰：「吾乃今而後知有卜、筮。」（卷三十，頁517）

7. 昭公五年：初，穆子之生也，莊叔以周易筮之，遇〈明夷〉之謙，以示卜楚丘。（卷四十三，頁743）

此莊叔先以周易筮之，再示卜楚丘，可見筮與卜之職能區分並不嚴密，正如前文所引筮與史也。蓋所謂卜、筮、史者，皆爲古巫之分化也。〔註30〕

由以上資料來看，魯國卜筮的事件大抵可以區分爲一、太子及公子之生；二、敵人入侵之時，占卜敵方狀況；三、卜郊祀。由戰事與祭祀占有三分之二的比例來看，所謂「國之大事，在祀與戎」仍是春秋之時最好的寫照。而關於這些大事的舉行以及人選的晉用，仍得依賴卜筮決定，則卜筮在此時期，仍有可以左右國家大事的決定權。

由「桓公使卜楚丘之父卜成季之將生」，知卜人之職，亦世代相傳也。

（四）筮　人

《周禮·春官》下有筮人，掌「三易以辨九筮之名，一曰「連山」，二曰「歸藏」，三曰「周易」。……凡國之大事，先筮而後卜。上春，相筮。凡國事，共筮。」〔註31〕

1. 襄公九年：穆姜薨於東宮，始往而筮之，遇〈艮〉之八。史曰：「是謂

〔註30〕詳本論文第六章〈卜師〉部分。
〔註31〕《周禮·春官》卷二十四，頁376。

艮之隨，隨，其出也，君必速出。」（卷三十，頁 526）

此《傳》先稱「筮」之；然隨後解答筮結果者，卻是「史」，此史者，筮史也。蓋當時史、卜、筮彼此之間還有相當的共通性也。

（五）祝

1. 昭公十七年：夏六月甲戌朔，日有食之，祝史請所用幣。……大史曰：

「在此月也，日過分而未至，三辰有災，於是乎百官降物……，祝用幣，史用辭。」（卷四十八，頁 834）

《會箋》曰：「掌祝者謂之祝史，猶掌卜者謂之筮史。」〔註32〕然此處雖然「祝史」連文，但下文接著說：「祝用幣，史用辭。」顯然此處之祝史意指不同之二種職務，《會箋》所言當非事實。

（六）祝　宗

1. 哀公十三年：（子服景伯）謂（吳）大宰曰：「魯將以十月上辛有事於上帝、先王。季辛而畢，何世有職焉，自襄以來，未之改也。若不會，祝宗將曰：『吳實然』。」（卷五十九，頁 1029）

杜注：「言魯祝宗將告神云：『景伯不會，坐爲吳所囚。』吳人信鬼，故以是恐之。」

顧棟高曰：「掌祝者，謂之祝史；猶掌卜者，謂之筮史。《周禮·春官·大祝》掌六祝之辭，以祀鬼神示。其屬有小祝、喪祝，甸祝、詛祝等官。定公四年，分魯以祝、宗、卜、史；杜曰：『太祝、宗人、太卜、太史四官』，則魯有太祝也。」〔註33〕

（七）巫（司巫）

《周禮》中關於巫的職官，共有三種。分別是司巫：中士二人；男巫無數以及女巫無數，由「無數」二字來看可知在《周禮》之時代，對於巫的需求量非常之高。然而，在《左傳》中所呈現的春秋當時狀況，顯然巫的地位已排在朝官之末流；甚至退出貴族社會，而單活躍於民間。

1. 莊公三十二年：成季使以君命命僖叔，待于鍼巫氏，使鍼季酖之。（卷十，頁 182）

鍼季者，魯大夫也；《會箋》曰：「鍼季，則鍼其氏，巫其職或其名。氏

〔註32〕《左傳會箋》第二十三，頁 1580，竹添光鴻著，天工書局印行，民國 77 年。
〔註33〕《春秋大事表》卷十，頁 598。

者，家也。」依此來看，則巫又有置人於死的本領。

    2. 僖公二十一年：夏，大旱，公欲焚巫尫。臧文仲曰：「非旱備也。修城
        郭、貶食、省用、務穡、勸分，此其務也。巫、尫何爲？天欲殺
        之，則如勿生；若能爲旱，焚之滋甚。」公從之。是歲也，饑而
        不害。（卷十四，頁 241）

    杜預注曰：「巫尫，女巫也，主祈禱請雨者，或以爲尫非巫也，瘠病之人，
其面上向，俗謂天哀其病，恐雨入其鼻，故爲之旱，是以公欲焚之。」

    《周禮·司巫》：「中士二人。……掌群巫之政令。若國大旱，則率巫而
舞雩。」〈疏〉中鄭司農並引《左傳》此文爲證。〔註34〕另，襄公二十九年，
隨同襄公在楚之巫當是男巫，有男巫或當即有女巫。故杜預注此曰：「巫尫，
女巫也。」然按〈司巫〉之職，司巫「率巫而舞雩」，並未特別注明男巫女巫，
故不能單以女巫認定之。

    孫淼《夏商史稿》說：

        甲骨文中有「交火」字，此字下半部爲火字，上半部爲交字。可隸定
        爲「烄」。此字尚有其它幾種寫法，如「交火」、「交火」、「交火」等，字
        形雖變，但基本結構是不變的，即捆縛一人放在火上燒。這也是人
        祭的一種方式，可稱之爲烄祭。烄祭常用于求雨。「貞烄有雨？貞烄
        其無雨？」（綴合309）這種慘無人道的焚人求雨活動，不僅商代有，
        後世也有。如《左傳》記載，魯僖公二十一年「夏大旱，公欲焚巫
        尫。」這件事，在當時已受到非議，然而在商代，卻是正常的、合
        法的、無可非議的。〔註35〕

由甲骨文中知道，捆縛人放在火上燒是商代已有的行爲，孫淼以爲這都是奴隸
主迫害奴隸時的凶惡和殘暴。類似「以人爲祭」的例子，亦見於《尚書·金縢》：
「既克商二年，王有疾，弗豫。二公曰：『我其爲王穆卜。』周公曰：『未可以
戚我先王。』公乃自以爲功，爲三壇同墠。爲壇於南方，北面周公立焉；植璧
秉珪，乃告太王、王季、文王。史乃冊祝曰：『惟爾元孫某，遘厲虐疾；若爾三
王，是有丕子之責于天，以旦代某之身。予仁若考，能多材多藝，能事鬼神；
乃元孫不若旦多材多藝，不能事鬼神。乃命于帝庭，敷佑四方，用能定爾子孫
于下地；四方之民，罔不祗畏。嗚呼！無墜天之降寶命，我先王亦永有依歸。

〔註34〕《周禮》卷二十六，頁 399。
〔註35〕見孫淼《夏商史稿》頁 540。北京文物出版社印行，1987 年 12 月。

今我即命于元龜，爾之許我，我其以璧與珪，歸俟爾命，爾不許我，我乃屛璧與珪。』」〔註36〕此周公欲以己身代武王，其中一個原因爲「予仁若考，能多材多藝，能事鬼神」，則所謂「以人爲祭」者，並非以不祥之人或能力不足者爲犧牲，其著眼點尚有以「能事鬼神」爲思考者。由此角度來看，則對於用以爲祭的主角，非但不是一種貶斥，反而是一種贊美了！不過，由《左傳》本文來看，臧文仲曰：「巫、尪何爲？天欲殺之，則如勿生；若能爲旱，焚之滋甚。」則此處對於焚巫、尪一事，顯然是因爲他們辦事不力，是以僖公才有焚之的念頭了！

發生在昭公二十年齊國的一件事，亦可做爲此事件之旁證。《傳》曰：「齊侯疥，遂痁。期而不瘳。諸侯之賓問疾者多在。梁丘據與裔款言於公曰：『吾事鬼神豐，於先君有加矣。今君疾病，爲諸侯憂，是祝、史之罪也。諸侯不知，其謂我不敬，君盍誅於祝固、史嚚以辭賓？』」（卷四十九，頁856）

此以國君久病不癒之故，臣子建議誅殺祝史，同樣爲責怪祝史工作不力之故。則原來職司宗教的「史、祝、士、卜、巫」等官在春秋時代已降到下僚，其地位每下愈況，求雨成功未必有功；一旦天不下雨，則變成了用以祭神的犧牲了！

　　3. 襄公二十九年：范獻子來聘，拜城杞也。……公臣，公巫召伯、仲顏莊叔爲一耦。（卷三十九，頁667）

此公巫爲複姓，應也是以巫爲職官者。

（八）巫（男巫）

　　1. 襄公二十九年：楚人使公親襚。公患之。穆叔曰：「被殯而襚，則布幣也。乃使巫以桃、茢先被殯。」（卷三十九，頁665）

〈正義〉曰：「巫者，接神之官。」顧棟高曰：「《周禮》，男巫，王弔則與祝前。喪祝，王弔則與巫前。」鄭司農引此傳爲證。〔註37〕《禮記・檀弓》：「君臨臣喪，以巫祝桃、茢執戈，惡之也。」〔註38〕依照《周禮》職文之解釋，此之巫者即男巫也。類此男巫之官，僅魯國一見。

（九）大　史

　　1. 文公十八年：季文子使司寇出（莒太子僕）諸竟，曰：「今日必達。」君問其故，季文子使大史克對曰：「先大夫臧文仲教行父事君之

〔註36〕《尚書・金縢》卷十三，頁187。十三經注疏本，藝文印書館印行。
〔註37〕《周禮》卷二十六，頁400。
〔註38〕《禮記・檀弓》卷九，頁171。

禮，行父奉以周旋，弗敢失隊，……先君周公制周禮曰：『則以觀德，德以處事，事以度功，功以食民。』作誓命曰：『毀則爲賊，掩賊爲藏。竊賄爲盜，盜器爲姦。主藏之名，賴姦之用，爲大凶德，有常無赦。在九刑不忘。』行父還觀莒僕，莫可則也。孝敬、忠信爲吉德，盜賊、藏姦爲凶德。夫莒僕，則其孝敬，則弑君父矣；則其忠信，則竊寶玉矣。其人，則盜賊也；其器，則姦兆也。保而利之，則主藏也。以訓則昏，民無則焉。不度於善，而皆在於凶德，是以去之。……。（卷二十，頁354）

大史克口若懸河，歷數歷史故實，足見史官職掌圖書，是以能引經據典，言之成理也。

2. 昭公二年：晉侯使韓宣子來聘，且告爲政，而來見，觀書於大史氏，見《易》、《象》與《魯春秋》，曰：「周禮盡在魯矣。吾乃今知周公之德與周之所以王也。」（卷四十二，頁718）

〈正義〉曰：「大史職掌書籍，必有藏書之處，若今之秘閣。」

3. 昭公十七年：夏六月甲戌朔，日有食之，祝史請所用幣……大史曰：「在此月也，日過分而未至，三辰有災，於是乎百官降物……，祝用幣，史用辭。」（卷四十八，頁834）

杜預注「史用辭」曰：「用辭以自責」，知掌管天象係大史之職責所在。

4. 哀公十一年：公使大史固歸國子之元，寘之新簞，裹之以玄纁，加組帶焉。（卷五十八，頁1018）

大史者，《周禮・春官》之屬官也。其職曰：「掌建邦之六典，以逆邦國之治。掌法以逆官府之治，掌則以逆都鄙之治。凡辨法者考焉，不信者刑之。」（卷二十六，頁401）由於其職掌管曆數天文等，是以各國多有設置。桓公十七年《傳》曰：「冬十月朔，日有食之，不書日，官失之。天子有日官，諸侯有日御。日官居卿以底日，禮也。日御不失日，以授百官于朝。」杜注：「日官、日御，典曆數者。……日官，天子掌曆者。」（卷七，頁129）杜預以「典曆數」解釋日官、日御，明此二官係同一性質也。不過是因爲天子、諸侯屬官之不同，而有相異之稱呼而已。故《會箋》曰：「天子掌曆者，大史也。……日官、日御，兩項分說而互相備。……日御授百官于朝，日官亦然。而日官比日御其職重，故於日官下曰禮也。」〔註39〕

─────────────────

〔註39〕《左傳會箋》第二，頁188。

（十）外　史

1. 襄公二十三年：將盟臧氏，季孫召外史，掌惡臣而問盟首焉。對曰：「盟東門氏也，曰『毋或如東門遂不聽公命，殺適立庶』。盟叔孫氏也，曰『毋或如叔孫僑如欲廢國常，蕩覆公室』。」（卷三十五，頁 607）

《周禮·春官》外史一職以上士四人、中士八人、下士十有六人擔任；爵等顯然較以中大夫擔任的內史爲低。其職爲「掌書外令，掌四方之志。」〔註40〕《會箋》曰：「據《尚書·酒誥》，諸侯得有內史，則亦有外史也。掌惡臣，若史籍所記慶父、東門遂之事是也。」〔註41〕此外史對於歷次盟書之辭如數家珍，知是常掌此職之官員也。《周禮》所載職文中無「掌惡臣」一項。然其掌書盟書，與掌書外令或可相合。

外史之官，各國皆無；魯國亦僅此一見。

（十一）巾　車

1. 哀公三年：桓、僖災。……子服景伯至，命宰人出禮書以待命，命不共，有常刑。校人乘馬，巾車脂轄。（卷五十七，頁 998）

杜預注曰：「巾車，掌車。」《周禮·春官·巾車》：「掌公車之政令，辨其用與其旗物而等敘之，以治其出入。」鄭注曰：「車官之長。」〔註42〕

「巾車」之官，亦見於晉國，同樣是以「巾車脂轄」連文。故知巾車之職掌係以動物性油脂塗抹車軸兩頭之鍵，以使車行滑利。

（十二）宗　人 〔都宗人〕

魯國除了有宗伯外，尚有宗人一職。宗人在《周禮》中分都宗人及家宗人，分別掌都及家之祭祀。都宗人以上士二人、中士四人擔任。其職爲「掌都祭祀之禮。凡都祭祀，致福于國。正都禮與其服，若有寇戎之事，則保群神之壇。國有大故，則令禱祠；既祭，反命于國。」〔註43〕

1. 哀公二十四年：公子荊之母嬖，將以爲夫人，使宗人釁夏獻其禮。對曰：「無之。」公怒曰：「女爲宗司，立夫人，國之大禮也，何故無之？」（卷六十，頁 1050）

〔註40〕《周禮》卷二十六，頁 408。
〔註41〕《左傳會箋》第二十三，頁 1171。
〔註42〕《周禮》卷二十七，頁 413。
〔註43〕《周禮·春官》卷二十七，頁 422～423。

杜曰：「宗人，禮官。」由《傳》可知，立夫人之禮，亦由宗人掌之。

梁履繩曰：「據〈雜記〉，釁廟、釁器皆宗人職之，故釁夏即以事爲氏。」按：《禮記・雜記》：「既事，宗人告事畢，乃皆退。反命于君曰：『釁某廟事畢。』」〔註44〕此即所謂「以事爲氏」也。

（十三）祝　宗（家宗人）

1. 昭公二十五年：平子有異志，冬十月辛酉，昭子齊于其寢，使祝宗祈死。（卷五十一，頁895）

此叔孫氏之宗人，即《周禮》所云之家宗人也。〈家宗人〉之職曰：「掌家祭祀之禮。凡祭祀，致福。國有大故，則令禱祠，反命；祭亦如之。掌家禮與其衣服、宮室、車旗之禁令。」（卷二十七，頁423）此言掌祭祀、家禮等，則五禮蓋皆包括矣。故成公十七年《傳》亦載「晉范文子返自鄢陵，使其祝宗祈死。」同樣是使祝宗祈死。

另外，較屬於典型家宗人之官者，則爲鄭國。襄公二十二年「鄭公孫黑肱有疾，歸邑于公，召室老、宗人立段，而使黜官、薄祭。」（卷三十五，頁599）此則爲立後之禮也。

四、《周禮》夏官之屬

（一）司　馬

1. 昭公四年：（杜洩）曰：「夫子受命於朝而聘於王，王思舊勳而賜之路，復命，而致之君。君不敢逆王命，而復賜之，使三官書之。……夫子爲司馬，與工正書服。（卷四十二，頁734）

杜曰：「叔孫也。」此言叔孫爲司馬也，且掌記載策勳之事。〈正義〉曰：「《周禮・夏官・司馬》其屬有司士，掌群臣之政，亦以德詔爵，以功詔祿，工正雖不屬司馬，掌作車服，故與司馬書服也。」

2. 哀公十一年：將戰，吳子呼叔孫，曰：「而事何也？」對曰：「從司馬。」王賜之甲、劍鈹。（卷五十八，頁1017）

《會箋》曰：「自言其官爲司馬耳。故下文曰：『奉爾軍事』云云。〈晉語〉董安于曰：『耆其股肱，以從司馬，亦言爲趙司馬也。』三桓之官，季孫爲司徒，叔孫爲司馬，孟孫爲司空，出昭四年。又昭五年杜洩云：『夫子爲司馬』

〔註44〕《禮記・雜記》卷四十三，頁754，十三經注疏本，藝文印書館印行。

杜注：『夫子，叔孫也。』是叔孫世爲司馬，從者，謙辭也。猶《論語》從大夫之後也。」〔註45〕

司馬之官，列國多所設置，然其官位尊卑及所掌職事，則有很大之相異，詳見本文第六章〈各國職官比較〉。

（二）公　御（御僕）

1. 昭公四年：仲與公御萊書觀於公。（卷四十二，頁734）

杜預注曰：「萊書者，公御士名。」《周禮·夏官》有御僕，「掌群吏之逆，及庶民之復，與其弔勞。大祭祀相盥而登，大喪持翣，掌王之燕令，以序守路鼓。」〔註46〕

御士之名，即《周禮》所謂之御僕，周、楚、宋皆有此官。

（三）戎僕、戎右

1. 莊公九年：秋，師及齊師戰于乾時，我師敗績，公喪戎路而歸。秦子梁子以公旗辟于下道，是以皆止。（卷八，頁145）

此秦子及梁子即爲魯公戎路之御及戎右。杜曰：「二子，公御及戎右也。」按《周禮·夏官》有戎右一職，掌「戎車之兵革使，詔贊王鼓，傳王命于陣中。」另有戎僕一職，「掌馭戎車，掌王倅車之政，正其服。犯軷，如玉路之儀。凡巡守及兵車之會，亦如之。掌凡戎車之儀。」〔註47〕

戎右、戎僕之官，魯、鄭、衛、晉、楚、隨皆有。

（四）校　人

1. 哀公三年：桓、僖災。……子服景伯至，命宰人出禮書以待命，命不共，有常刑。校人乘馬，巾車脂轄。……公父文伯至，命校人駕乘車。（卷五十七，頁998）

此處傳文二次提到校人一職，前者「乘馬」；後者「駕乘車」。《周禮·夏官》校人一職曰：「掌王馬之政，辨六馬之屬。」〔註48〕與此所載相合。

諸子書中無校人相關資料，然除魯之外，晉、宋亦有此官，唯晉、宋稱校正，然皆主馬之官也。

（五）圉　人

〔註45〕《左傳會箋》第二十九，頁1942。
〔註46〕《周禮·夏官》卷三十一，頁478。
〔註47〕《周禮·夏官》卷三十二，頁488。
〔註48〕《周禮·夏官》卷三十三，頁494。

1. 莊公三十二年：雩，講于梁氏，女公子觀之，圉人犖自牆外與之戲，子般怒，使鞭之。（卷十，頁182）

杜預注曰：「圉人，掌養馬者。」《周禮‧夏官》有「圉人」一職，責為「掌養馬芻牧之事，以役圉師。」〔註49〕而《左傳》昭公七年傳亦曰：「馬有圉，牛有牧是也。」此與《周禮》所載職責相合。

2. 定公八年：孟氏選圉人之壯者三百人，以為公期築室于門外。（卷五十五，頁966）

由圉人中尚可挑選出健壯者三百人，可見原有的圉人編制，一定倍於三百人，由此亦可知，當時對於馬匹的依賴與重視。

許進雄說：「因為老馬識途，在荊莽中常能引人們脫離迷途，所以當政者極為重視馬的培育。從甲骨刻辭，得知商代不但中央政府有馬官，各方國也有各自的馬官，主管馬的培訓工作。而方國是否來貢馬匹的記載，也多次見於貞卜刻辭。現存的甲骨文已見十四個以馬為意符的形聲字，遠較以其他家畜創義的字多。可見三千多年前人們對於馬的分類已較其他家畜精細，因此可見人們對馬重視的程度。」〔註50〕

（六）馬　正（家司馬）

1. 襄公二十三年：季氏使公鉏為馬正。（卷三十五，頁605）

杜曰：「馬正，家司馬。」

2. 昭公二十五年：公使邸孫逆孟懿子。叔孫氏之司馬鬷戾言於其眾曰：「若之何？」莫對。又曰：「我，家臣也。不敢知國。凡有季氏與無，於我孰利？」皆曰：「無季氏，是無叔孫氏也。」鬷戾曰：「然則救諸！」帥徒以往，陷西北隅以入。（卷五十一，頁894）

此司馬則大夫家之司馬也，由其帥徒救季氏之事可知，家司馬亦掌管兵權。《周禮‧都司馬》職曰：「掌都之士、庶子及其眾庶車馬、兵甲之戒令，以國法掌其政學，以聽國司馬。家司馬亦如之。」鄭於序官〈家司馬〉注曰：「家，卿大夫采地；正猶聽也。公司馬，國司馬也。卿大夫之采地，王不特置司馬，各自使其家臣為司馬，主其地之軍賦，往聽政於王之司馬。王之司馬，其以王命來，有事則曰國司馬。」〔註51〕

〔註49〕《周禮‧夏官》卷三十三，頁497。
〔註50〕許進雄《古事雜談》頁56，臺灣商務印書館印行，民國80年。
〔註51〕《周禮‧夏官》卷二十八，頁436。

而於「家司馬」職文中，鄭注則曰：「大夫家臣爲司馬者。《春秋傳》曰：『叔孫氏之司馬鬷戾。』此明引此《傳文》爲證。賈公彥〈疏〉曰：「明文引《春秋》者，……彼是諸侯卿家自置司馬，此王之卿大夫家亦自置。引諸侯家法者，自置是同，故得引以況義也。」〔註52〕

五、《周禮》秋官之屬

（一）司　寇

1. 文公十八年：（莒）僕因國人以弒紀公，以其寶玉來奔，納諸宣公。公命與之邑，曰：「今日必授！」季文子使司寇出諸竟，曰：「今日必達。」（卷二十，頁352）

此司寇掌驅逐不義之人出境。

2. 宣公十八年：臧宣叔怒曰：「當其時不能治也，後之人何罪？子欲去之，許請去之。」遂逐東門氏。（卷二十四，頁413）

杜預注曰：「許，其名也，時爲司寇，主行刑。」

3. 襄公二十一年：季孫謂臧武仲曰：「子盍詰盜？」武仲曰：「不可詰也。紇又不能。」季孫曰：「我有四封，而詰其盜，何故不可？子爲司寇，將盜是務去，若之何不能？」（卷三十四，頁589～860）

此則記載最明白地說出司寇的職責，「子爲司寇，將盜是務去」。知司寇之主要職責，乃在治理盜賊。

4. 定公元年：秋七月癸巳，葬昭公于墓道南。孔子之爲司寇也，溝而合諸墓。〔註53〕（卷五十四，頁942）

5. 定公十二年：公山不狃、叔孫輒帥費人以襲魯，公與三子入于季氏之宮，登武子之臺。……仲尼命申須句、樂頎下，伐之，費人北。（卷五十六，頁980）

杜注：「仲尼時爲司寇。」〈正義〉曰：「《史記·孔子世家》云：『定公以孔子爲中都宰，一年四方皆則之。由中都宰爲司空，由司空爲大司寇，十年會于夾谷時，已爲司寇矣。十四年，孔子由大司寇攝行相事，是此時仲尼爲

〔註52〕《周禮·夏官》卷三十三，頁505。
〔註53〕孔子爲司寇之年代，前人頗有爭議，依此處行文語氣看，係將後事提前併合言之，故孔子之爲司寇，理應在定公二年以後。據〈正義〉所言，則在定公十年之後。

司寇。』」

《禮記·正義》引崔靈恩云：「諸侯三卿，司徒兼冢宰，司馬兼宗伯，司空兼司寇。三卿之下，有五大夫。五大夫者，司徒之下，立二人，小宰、小司徒；司馬之下，以其事省，立一人為小司馬，兼宗伯之事；司空之下，立二人小司空、小司寇。今夫子為司空者，為小司空也。從小司空為小司寇也。崔所以知然者，魯有孟叔季三卿為政，又有臧氏為司寇，故知孔子為小司寇。」〔註54〕

由此諸事見司寇之職掌，則分別有：

（一）逐不義之人出境。

（二）整治盜賊。

（三）助攻伐及掌國君墓祀之事。

揆諸《周禮》大小司寇之職，大司寇之責曰：「掌建邦之三典，以佐王刑邦國，詰四方。一曰刑新國用輕典；二曰刑平國用中典；三曰刑亂國用重典。」至于小司寇之職，則曰：「以五刑聽萬民之獄訟，附于刑，用情訊之，至于旬，乃弊之。」〔註55〕則《傳文》所載，除孔子「溝而合諸墓」之事外，其餘與《周禮》職官相合。

（二）行　人

1. 文公四年：衛甯武子來聘，公與之宴，為賦〈湛露〉及〈彤弓〉。不辭，又不答賦，使行人私焉。（卷十八，頁306）

此行人末著姓名，負責在國內與他國之使者溝通。

2. 昭公六年：夏，季孫宿如晉，拜莒田也。晉侯享之，有加籩。武子退，使行人告曰：「小國之事大國也，苟免於討，不敢求賑。……」（卷四十三，頁751）

此行人係隨使者出使，並負責應對之辭的傳達。以上兩則之行人為專職人員，一在國內；一在國外，皆負責雙方意見之傳達也。

除了此種專職之行人外，亦有兼官之行人。

成公十三年：「三月，公如京師，宣伯欲賜，請先使。王以行人之禮禮焉，孟獻子從，王以為介而重賄之。」（卷二十七，頁460）〈正義〉引孔晁曰：「行人，使人也，以使人之禮禮之，不從聘者之賜禮也。」又，昭公二十三年《經》：

〔註54〕《禮記·檀弓》卷八，頁145。十三經注疏本，藝文印書館印行。
〔註55〕分見《周禮》卷三十四，頁516及卷三十五，頁523。

「晉人執我行人叔孫婼。」《傳》：「叔孫婼如晉，晉人執之。書曰：『晉人執我行人叔孫婼』，言使人也。」（卷五十，頁876）

顧棟高曰：「行人見于《經》者六，並以見執書。是乃一時奉使，非專官。」又，襄公四年〈正義〉曰：「《周禮・大行人》掌大賓之禮、大客之儀。小行人掌使適四方，協賓客之禮，諸侯行人當亦通掌此事。故為通使之官。然則經傳所書行人雖各異，其職掌正同。」

六、《周禮》冬官之屬

《周禮・天官・小宰》之職曰：「以官府之六屬舉邦治：一曰天官，其屬六十，掌邦治，大事則從其長，小事則專達。二曰地官，其屬六十，掌邦教，大事則從其長，小事則專達。三曰春官，其屬六十，掌邦禮，大事則從其長，小事則專達。四曰夏官，其屬六十，掌邦政，大事則從其長，小事則專達。五曰秋官，其屬六十，掌邦刑，大事則從其長，小事則專達。六曰冬官，其屬六十，掌邦事，大事則從其長，小事則專達。」〔註56〕可見在《周禮》最初的構想中，即有冬官一類；但因篇帙亡佚，遂不能復見。然檢視其它典籍，尚可見出有關〈冬官〉之相關內容。

與〈冬官〉相關之記載，如《禮記・曲禮下》曰：「天子之五官，曰司徒、司馬、司空、司士、司寇，典司五眾。」〈王制〉：「司空執度度地，居民山川沮澤，時四時。量地遠近，興事任力。凡使民：任老者之事，食壯者之食。」〈月令・季春〉：「是月也，命司空曰：時雨將降，下水上騰，循行國邑，周視原野，修利隄防，道達溝瀆，開通道路，毋有障塞。田獵罝罘、羅網、畢翳、餧獸之藥，毋出九門。」〔註57〕

從《禮記》之相關記載，知司空所職之事，即有關山川沮澤、量地遠近、以及修利隄防、道達溝瀆，開通道路，毋有障塞等相關事務。而《左傳》襄公三十一年，鄭國子產壞晉館垣以納車馬，在回答晉國詢問時，亦曾說：「司空以時平易道路。」（卷四十，頁687）諸多記載並陳而觀，司空負責之事已有一明確範圍矣。

於《左傳》中所見，魯、鄭、晉、陳等國皆有此官；至於宋、曹則稱之為司城。

〔註56〕見《周禮・天官》卷三，頁42。
〔註57〕分見《禮記》頁78、246、303。

（一）司　空

1. 隱公二年：司空無駭入極，賀庢父勝之。（卷二，頁 42）

杜注：「魯司徒、司馬、司空皆卿也。」

2. 昭公四年：（季孫）使杜洩舍路，不可。曰：「……孟孫爲司空以書勳。」
（卷四十二，頁 734）

〈正義〉曰：「《周禮》：司勳屬夏官，今司空書勳，又是春秋時諸侯之法，不可盡與禮同。」

魯國關於司空之二則記載，與之前所言，並無相同。其中，無駭帥師，蓋由於春秋之時，文職、武職尚無畫分，是以掌政者，亦多兼將帥之職；此點尤以晉國設三軍將佐最爲明顯；至於後者，則或如〈正義〉所言，「春秋時諸侯之法，不可盡與禮同。」

（二）匠

1. 襄公四年：匠慶謂季文子曰：「子爲正卿，而小君之喪不成，不終君也。君長，誰受其咎？初，季孫爲己樹六檟於蒲圃東門之外，匠慶請木，季孫曰：「略」，匠慶用蒲圃之檟，季孫不御。（卷二十九，頁 505）

杜曰：「匠慶，魯大匠。」此大匠所掌之事，則是爲小君製作棺木。《周禮·考工記》有〈匠人〉一職，其職文曰：「匠人建國，水地以縣，置槷以縣，視以景，爲規，視日出之景與日入之景，晝參之日虫之景；夜考之極星，以正朝夕。」並有營建都城、修築溝洫等職責。〔註 58〕《周禮》之〈匠人〉多掌管建築相關之事，與《傳文》所載不盡相合。

《國語·魯語上》曾記載「匠師慶」於莊公丹桓宮之楹，而刻其桷時，向莊公勸諫。韋昭注曰：「匠師慶，掌匠大夫禦孫之名也。」〔註 59〕〈魯語〉所載之名與《左傳》相近，然其所掌之事，則一爲建築，一爲棺木；〈魯語〉所載反而更接近《周禮》之職務。然，莊公去襄公之時，已七十餘年，此匠師慶或即匠慶之先人與？其以職官名冠名或字之上，可見在魯國，匠爲世襲之職位也。

匠之職，於《左傳》中，僅有魯、晉、衛各一見。

〔註 58〕《周禮·冬官》卷四十一，頁 642。
〔註 59〕《國語》卷四，頁 155。韋昭注，漢京文化事業有限公司出版，民國 72 年。

七、家　臣

春秋時期，除了諸侯之朝廷有各類職官之外，各卿大夫家中，亦有其管理人員，這些管理人員，往往亦比照朝廷官吏之名，是以將其大別爲「家臣」類，分析如下。

（一）家　宰

1. 文公十八年：仲以君命召惠伯，其宰公冉務人止之曰：「入必死。」叔仲曰：「死君命可也。」公冉務人曰：「若君命可死，非君命何聽？」弗聽，乃入。殺而埋之馬矢之中，公冉務人奉其帑以奔蔡，既而復叔仲氏。（卷二十，頁351）

由公冉務人之例子，可見出卿大夫之宰對於卿大夫之事務有非常大之權力；同時，家宰也將主人家之事視爲第一大事。

2. 成公十七年：初，鮑國去鮑氏而來，爲施氏臣。施氏卜宰，匡句須吉。施氏之宰有百室之邑，與匡句須邑，使爲宰以讓鮑國，而致邑焉。（卷二十八，頁482）

家宰輔佐卿大夫稱之爲「相」，亦輔佐之意，家宰須經卜筮；但卜筮不過是個參考性質，如有其它因素，亦可更易。施氏之宰受邑甚豐。杜曰：「卜立冢宰。」「冢」當作「家」，刻本誤也。

（二）家司徒

1. 昭公十四年：南蒯將叛也，盟費人。司徒老祁、慮癸僞廢疾。（卷四十七，頁819）

〈正義〉曰：「《世族譜》司徒老祁爲一人，慮癸爲一人。服虔云：『司徒，姓也；老祁，字也；慮癸，亦姓字也。二子，季氏家臣也。』」馬宗霍曰：「此爲小司徒，禘祭，戒百官。」

《會箋》曰：「三家各置司徒、司馬之屬，以治其邑。蓋亦傚《周禮》家宗人、家司馬、家士之類爲之。故服虔亦云：『三家各有司徒、司馬，而不言小。』」〔註60〕

（三）縣　宰（縣正）

1. 襄公七年：南遺爲費宰。（卷三十，頁518）

2. 定公五年：既葬，桓子行東野，及費，子洩爲費宰，逆勞於郊。（卷五

〔註60〕《左傳會箋》第二十三，頁1556。

十五，頁 958）

3. 定公八年：成宰公斂處父告孟孫，曰：「季氏戒都車，何故？」（卷五十五，頁 966）

4. 定公十二年：仲由爲季氏宰，將墮三都。（卷五十六，頁 980）

三都者，魯三桓之采邑，季孫氏之費；叔孫氏之郈；孟孫氏之成也。郈及費皆墮，唯獨成宰公斂處父以成爲孟氏之保障爲藉口，得以暫存。因此之故，此縣宰，亦以此三邑居多。

5. 哀公十四年：初，孟孺子洩將圉馬於成，成宰公孫宿不受。（卷五十九，頁 1034）

成，孟氏之邑也，由此可見，家臣之邑長勢力漸形坐大，正如當初的家臣之於諸侯也。

顧棟高曰：「宰本家臣之名，而邑長亦稱宰。〈正義〉曰：『公邑稱大夫，私邑稱宰』；然昭二十六年傳：『成大夫公孫朝』，是私邑亦稱大夫；哀八年傳，『王犯嘗爲武城宰』，是公邑亦稱宰也。」

（四）工　師

1. 定公十年：秋，二子及齊師復圍郈，弗克。叔孫謂郈工師駟赤曰：「郈非唯叔孫之憂，社稷之患也，將若之何？」……齊使至，駟赤與郈人爲之宣言於郈中曰：「侯犯將以郈易于齊，齊人將遷郈民。」眾凶懼。（卷五十六，頁 978）

杜曰：「工師，掌工匠之官。」此爲郈邑之工師也。

（五）賈　正

1. 昭公二十五年：初，臧昭伯如晉，臧會竊其寶龜僂句。……奔郈，郈魴假使爲賈正焉。」（卷五十一，頁 896）

賈正之職如《周禮》之賈師也。〈賈師〉之職曰：「各掌其次之貨賄之治，辨其物而均平之，展其成而令其價。凡天患，禁貴儥者，使有恆價。」〔註61〕故〈正義〉曰：「此郈市之賈正也。」

《荀子·解蔽篇》亦曾提及賈師之官。其曰：「農精於田，而不可以爲田師；賈精於市，而不可以爲賈師；工精於器，而不可以爲器師。」〔註62〕從此文義來看，可知賈師即是負責掌管平穩市場價格之官員。

〔註61〕《周禮·地官》十五，頁 227。
〔註62〕李滌生著《荀子集解》頁 490，學生書局印行，民國 77 年。

此官僅於魯國一見。

（六）御驖

1. 襄公二十三年：孟氏之御驖豐點好羯也。（卷三十五，頁 605）

〈正義〉曰：「驖是掌馬之官。蓋兼掌御事，謂之御驖。」顧棟高曰：「《周禮》邦國六閑，家四閑，此特家臣耳。然可見魯亦有是官，故繫于此。」

御驖之官，僅於魯國一見。

（七）圉人

1. 定公十年：武叔既定，使邱馬正殺侯犯殺公若，弗能。其圉人曰：「吾以劍過朝，……則可殺也。」（卷五十六，頁 978）

此圉人杜預以為「武叔之圉人」；于鬯《香草校書》則以為「順文讀之，自足知為侯犯之圉人矣。」《周禮》圉人屬司馬，則家司馬之下亦有圉人。

（八）豎（內豎）

1. 昭公四年：魯人召之（穆子），不告而歸。既立，所宿庚宗之婦人獻以雉。問其姓，對曰：「余子長矣，能奉雉而從我矣。」召而見之，則所夢也。未問其名，號之曰「牛」，曰：「唯。」皆召其徒使視之，遂使為豎。有寵，長使為政。（卷四十二，頁 733）

《周禮·天官》有「內豎」之職，然此為家臣之類也。豎原本只為「掌內外之通令」，然牛為穆子所寵，故可以以「豎」而掌叔孫之家政也。

2. 昭公二十五年：平子拘展於卞，而執夜姑，將殺之。公若泣而哀之，曰：「殺是，是殺余也。」將為之請，平子使豎勿內，日中不得；請。有司逆命，公之使速殺之。故公若怨平子。（卷五十一，頁 892）

《會箋》曰：「豎，主請謁者。」此與《周禮》所載「掌內外之通令」相合。「豎」之職除於魯家臣二見之外，晉、曹、衛亦有。

八、其它

所謂其它者，傳文所載官名，不見於《周禮》；或是與《周禮》中之官職無相近者也。

（一）司曆

1. 襄公二十七年：十一月乙亥朔，日有食之，辰在申，司曆過也，再失

閏矣。（卷三十八，頁 650）

2. 哀公十二年：仲尼曰：今火猶西流，司曆過也。（卷五十九，頁 1027）

司曆者，顯然是掌管曆法之官員；然《周禮》中並無此官之設置，或是諸侯國因應事實需要，另行增設。同時，此官僅見於魯國，他國並無所見。

（二）馬　正

1. 定公十年：公南爲馬正，使公若爲邸宰，使邸馬正侯犯殺公若，弗能。」

（卷五十六，頁 978）

公南所爲之馬正，應是君之馬正，故其職能在邸宰之上，且能使公若爲邸宰。

《傳》文隨後又曰「邸馬正」，知有二馬正也。

馬正之職，僅見於魯國；同時一爲朝官，另一爲家臣。

（三）嗇　夫

1. 昭公十七年：夏六月甲戌朔，日有食之，祝史請所用幣……大史曰：「在
　此月也，日過分而未至，三辰有災，於是乎百官降物……，祝用
　幣，史用辭。瞽奏鼓，嗇夫馳，庶人走。（卷四十八，頁 834）

〈正義〉曰：「嗇夫於《周禮》無文。鄭注〈覲禮〉云：『嗇夫蓋司空之屬也。』則官屬司空。」楊伯峻曰：「嗇夫之名見於《儀禮·覲禮》、《管子·臣道篇上》、《鶡冠子·王鐵篇》等。鄭玄注〈覲禮〉，以爲司空之屬官。尹知章注《管子》，則以吏嗇夫爲檢束群吏之官，人嗇夫爲檢束百姓之官；《漢書·五行志》下之上則謂『嗇夫，掌幣吏。』《韓非子·說林下》亦有嗇夫，爲縣邑官。疑此嗇夫爲鄉邑官。」

錢劍夫在〈秦漢嗇夫考〉中以爲：「嗇夫在最初既不是『職聽訟，收賦稅』的鄉官，也不是一般少吏的通名，而只是農夫的別稱。」他又說：

> 嗇夫從一個普通農民成爲官稱，在較原始的時期大概經過了兩次變
> 化。第一次變化是其中的先進者被選拔爲田官；第二次變化就是某
> 些田官死後，即被尊爲田神。《詩·小雅·甫田》：「曾孫來止，以
> 其婦子，饁彼南畝，田畯至喜。」鄭箋：「田畯同嗇，今之嗇夫也。」
> 據此，則漢代的嗇夫就是古代的田畯。但田畯是田官，而且是「田
> 夫之俊者」，故《爾雅·釋言》「畯，農夫也」郭注亦云：「今之嗇
> 夫是也。」那麼，嗇夫在開始變化時，亦必因其是普通農民中的先
> 進份子和生產能手，所以才被選拔出來而爲田官。這是它的第一次

變化。

《禮記‧郊特牲》：「蜡之祭也，主先嗇而祭司嗇也。祭百神以報嗇
也。」鄭注：「先嗇，若神農者，后稷是也。嗇所樹藝之功，使盡饗
之。」孔疏：「先嗇，司嗇，並是人神。」這裡所說的人神，無論是
先嗇或者是司嗇，最初都是嗇夫，這是毫無問題的。所謂神農，也
就是這個意思。〈甫田〉詩孔疏亦云：「始教造田謂之田祖，先爲稼
嗇謂之『先嗇』，神其農事謂之神農，名殊而實同也。」嗇夫，由田
官被尊爲田神，這是它的第二次變化。〔註63〕

從《傳》之「瞽奏鼓，嗇夫馳，庶人走」之連文看，嗇夫與庶人相對成
文，知其身份地位與庶人相差無幾，故此所謂嗇夫爲農官之說，應爲可信之
詞。

嗇夫之官僅於魯國一見。

（四）周　人

1. 哀公三年：桓、僖災。……南宮敬叔命周人出御書，俟于宮。（卷五十
   七，頁997）

杜注：「周人，司周書典籍之官。御書進于君者也。」此魯國獨有之官也。
竹添光鴻曰：「《周禮‧天官‧司書》掌邦之六典、八法、八則、九職、九正、
九事。邦中之版，土地之圖。周人司周書，其司書之類與。《周禮》在魯，魯
藏周典籍爲多，故以周名官。」〔註64〕

周人之官僅於魯國一見。

（五）官　人

1. 哀公三年：桓、僖災。……子服景伯至……百官官備，府庫愼守，官
   人肅給。（卷五十七，頁998）

竹添光鴻曰：「官人即館人也，古官、館同字。《周易》隨初九，『官有
渝。』《釋文》曰：『官，蜀才本作館。』《儀禮‧士喪禮》『管人汲。』鄭注
曰：「管人有司主館舍者。」《釋文》曰：「管如字，劉又音官。然則官人之
即館人，此可證也。」〔註65〕

此魯國獨有之官。

〔註63〕錢劍夫〈秦漢嗇夫考〉頁137～138，收於《中國史研究》。
〔註64〕《左傳會箋》第二十九，頁1896。
〔註65〕《左傳會箋》第二十九，頁1897。

（六）車（車士）

1. 哀公十四年：西狩於大野，叔孫氏之車子鉏商獲麟。（卷五十九，頁
　　　1031）

　　杜注：「車子，微者；鉏商，名。」杜以車子連讀，鉏商爲人名。孔疏則
引服虔曰：「車，車士；微者也；子，姓；鉏商，名。」則謂車爲車士之官名，
其人以子爲姓，以鉏商爲名。又引王肅之說，與服虔同。

　　王引之《經義述聞》同樣認爲車爲車士；但以子鉏爲氏，商爲名。其云：
　　服以車爲車士，是也。……〈晉語〉：『其主朝升之，而莫戮其車。』
　　韋注曰：『車，車僕也。』則主車之人，即謂之車。哀六年《傳》有
　　鮑子之臣差車鮑點。杜彼注曰：『差車，主車之官。』此《傳》曰：
　　『叔孫氏之車』，蓋叔孫氏之差車也。
　　《元和姓纂》：『殷湯，子姓，引《風俗通義》曰：「《左傳》有子鉏
　　商。」』蓋亦謂車爲車士，故以子屬下讀，是服說長於杜矣，而未盡
　　也。春秋時婦人稱姓，男子則稱氏族，以子爲姓，非也。今案，子
　　鉏，蓋其氏；商，其名也。《傳》凡言子儀克、子越椒之類，上二字
　　皆字也；子服何、子人九之類，上二字皆以先世之字爲氏也。成十
　　六年及哀五年《傳》皆有公子鉏，定八年《傳》有籍邱子鉏，是春
　　秋時多以鉏爲名字，今此子鉏，知非字者，古人名字相應，鉏與商
　　不相應，故也。……《漢書古今人表》有子鉏商，是子屬下讀之明
　　證。易林訟之同人：『子鉏執麟，春秋作經』；蔡邕〈麟頌〉：『庶士
　　子鉏，獲諸西狩』，是子鉏連讀之明證也。」〔註66〕

　　王引之以子鉏商爲人之名號，其說是也；然「子鉏」究竟爲氏或爲字，
實難以斷定。方炫琛曰：「王氏因鉏與商義不相應，故以爲氏，而安井衡《左
傳輯釋》云：『鉏，鋤也；鋤，農器；商，秋聲，農事成於秋，故名商字子鉏，
未嘗不相應。易林、〈麟頌〉蓋亦以子鉏爲字，何則？其爲氏，不若爲字之允
也。』則以子鉏爲子鉏商之字。」〔註67〕然古代男子向以「子」爲尊稱，此
既爲車士，則顯然爲卑微之人，不至於有對其尊稱之必要，是以仍以王引之

─────────────

〔註66〕王引之《經義述聞》卷十九，頁　772〜773。臺灣商務印書館印行，民國 68
　　　　年。
〔註67〕《左傳人物名號研究》頁 130。方炫琛著，國立政治大學中國文學研究所博士
　　　　論文，民國 72 年。

之說，以子鉏為其氏較為妥當。

（七）工　正

1. 昭公四年：（季孫）使杜洩舍路，不可。曰：「……夫子為司馬，與工
　　正書服。」（卷四十二，頁 734）

〈正義〉曰：「工正掌作車服，故與司馬書服。」

《周禮》中無工正之官名。正者，長官也。昭公十七年《傳文》曰：「秋，郯子來朝，公與之宴。昭子問焉，曰：「少皞氏鳥名官，何故也？」郯子曰：「吾祖也，我知之。……五雉為五工正，利器用、正度量，夷民者也。九扈為九農正，扈民無淫者」（卷四十八，頁 837）此工正所掌之事為「利器用、正度量」與百工、建築之事正相合也。黃帝之時，即有此官；故知如《周禮·冬官》尚存，「工正」之職，理當繫於〈冬官考工記〉也。今為求分類之明確，不能擅以性質之相近，勉強將「工正」之職納入〈冬官考工記〉，是以權將其歸入「其它」一類。

劉師培曰：「《周禮》言建其正，則正均指長官而言。故牧正、庖正、火正，夏代之時即有此職。至于周代，厥證尤多。如《周官》僅有太卜，而《左傳》載滕侯之言曰：「我周之卜正也。」杜注以卜正為卜官之長，蓋太卜以上，又有卜正，恆以貴臣領其事。……工正為工官之長矣。」〔註68〕

工正一職，除魯國之外，尚見於齊、楚、宋國。

（八）正　夫

1. 襄公二十三年：冬，十月，孟氏將辟，藉除于臧氏。臧孫使正夫助之。
　　（卷三十五，頁 606）

杜曰：「正夫，隧正。」〈正義〉曰：「七年傳稱『叔仲昭伯為隧正，謂南遺請城費，吾多與而役。』是役夫隧正所主，知此正夫是隧正也。隧正當屬司徒，臧氏為司寇，而借之於臧氏者，蓋當時臧氏兼掌之。」

按：襄公七年，南遺為費宰，叔仲昭伯為隧正。欲善季氏，而求媚於南遺，謂遺：「請城費，吾多與而役。」故季氏城費。杜曰：「隧正，主役徒。」〈正義〉曰：「隧正，官名當《周禮》之隧人也。掌諸遂之政令，徒役出諸遂之民，故為主役徒者。」

叔仲昭伯之隧正顯然是可以與費宰溝通，可以決定派遣徒役的決策人

〔註68〕劉師培〈論歷代中央官制之變遷〉頁 3304，收於《國粹學報》第二十七期。

員；然正夫不過是實際幫助的徒役而已；二者之身分有顯然之區別，且二事相距不過十六年，而前稱〈隧正〉後稱〈正夫〉，同一國家之內，官制之變化理當不致如此之快。正夫者，應當是遂人之屬，徒役之類也。

（九）亞　旅

1. 文公十五年：三月，宋華耦來盟，其官皆從之。……公與之宴。辭曰：「君之先臣督得罪於宋殤公，名在諸侯之策。臣承其祀，其敢辱君？請承命於亞旅。」（卷十九，頁337）

亞旅者，杜注：「上大夫也。」此亞旅係不見於《周禮》之官名。〈正義〉曰：「《尚書・牧誓》：『武王呼群官而誓，曰：司徒、司馬、司空、亞旅。』孔安國云：『亞，次也；旅，眾也，眾大夫其位次卿。』成二年《傳》：『魯賜晉三帥三命之服，候正、亞旅受一命之服。』皆卿後即次亞旅，知是上大夫也。」

亞旅之官，僅魯、晉各一見。

九、小　結

本文於魯國職官中，除掉家臣之類不計，共檢索得四十五類職官名稱；其中有三十六類職官名稱皆見於《周禮》，是所有職官的百分之八十；比例可謂非常之高，亦由此可以見出魯國與周的密切關係。

關於魯承周禮，在《左傳》中有兩則傳文頗值得注意。閔公元年：「冬，齊仲孫湫來省難，書曰『仲孫』，亦嘉之也。仲孫歸，曰：『不去慶父，魯難未已。』公曰：『若之何而去之？』對曰：『難不已，將自斃，君其待之！』公曰：『魯可取乎？』對曰：『不可，猶秉周禮。周禮，所以本也。臣聞之：「國將亡，本必先顛，而後枝葉從之。」魯不棄周禮，未可動也。君其務寧魯難而親之。親有禮，因重固，間攜貳，覆昏亂，霸王之器也。』」（卷十一，頁187～188）

又昭公二年：「春，晉侯使韓宣子來聘，且告為政，而來見，禮也。觀書於大史氏，見《易・象》與魯《春秋》，曰：『周禮盡在魯矣，吾乃今知周公之德與周之所以王也。』」（卷四十二，頁718）

這兩則傳文分別是閔公與昭公之時代，這兩個年代十分接近《左傳》一書的起始與結尾時間；在起與末的記載當中，分別說明了「魯秉周禮」、「周禮盡在魯矣」的記載，可見得在周代，魯國確是根據周禮的精神，來維繫國家的政治機制。以下即臚列魯國所見官制，以見其設官分職之梗概。

《周禮》六官歸屬	官　名	《左傳》記事	出現次數	備　註
天官	大　宰	（隱11）羽父請殺桓公，將以求大宰	1	
	左　宰	（襄23）公鉏氏出爲公左宰	1	
	宰　人	（哀3）出禮書以待命	1	
	饔　人	（昭25）季姒與饔人檀通	1	
	府　人	（昭32）子家子反賜賞物于府人	1	
	侍　人	（昭25）公賁使侍人告公	1	
	司　宮	（昭5）司宮射之，中目而死	1	天官七類
地官	司　徒	（昭4）吾子爲司徒，實書名	1	
	公傅（師氏）	（閔2）公傅奪卜齮田	1	
	隧　正（遂人）	（襄7）叔仲昭伯爲隧正，……謂遺：「請城費，吾多與而役。」	1	
	縣　人（縣正）	（1）（文15）卜人以告。（2）（襄10）郲人抉門。（3）（昭4）縣人傳冰	3	
	山人、虞人（山虞）	（1）（昭4）山人取冰。（2）（定8）虞人以鈹、盾夾之。（3）（哀14）叔孫氏之車子鉏商獲麟，以爲不祥，以賜虞人。	3	地官五類
春官	宗　伯	（文2）躋僖公廟	1	
	工、瞽	（1）（襄28）工誦〈茅鴟〉。（2）（襄29）工歌〈周南〉、〈召南〉。（3）（昭17）瞽奏鼓	3	
	卜	（1）（桓6）太子生，卜士負之。（2）（閔2）卜齮賊公。（3）（閔2）卜成季之生。（4）（文11）卜追鄋瞞。（5）（文18）卜齊侯之疾。（6）（襄7）卜郊。（7）（昭5）筮穆子之生。	7	卜與筮漸漸合流，甚且以同一人擔任之。
	筮　人	（襄9）穆姜筮之。	1	
	祝	（昭17）日有食之，祝史請用幣	1	祝史爲二種職務
	祝　宗	（哀13）祝宗告於上帝	1	
	巫（司巫）	（1）（莊32）酖叔牙。（2）（僖21）大旱，公欲焚巫尪。（3）（襄29）公巫召、仲顏莊叔爲一耦伯。	3	
	巫（男巫）	（襄29）以桃、茢先祓殯	1	
	大　史	（1）（文18）季文子使對於君。（2）（昭2）宣子觀書於大史氏。（3）（昭17）祝用幣，史用辭。（4）（哀11）歸國子之首。	4	
	外　史	（襄23）掌惡臣而聞盟首焉	1	
	巾　車	（哀3）脂轄	1	
	宗　人（都宗人）	（哀24）公使宗人獻夫人之禮	1	
	祝　宗（家宗人）	（昭25）昭子使祝宗祈死	1	春官十三類

夏官	司馬	（1）（昭4）與工正書服。（2）（哀11）與吳戰	2	
	公御 （御僕）	（昭4）仲與公御萊書觀於公	1	
	戎僕	（莊9）御公	1	
	戎右	（莊9）御公	1	
	校人	（哀3）乘馬、駕乘車	1	
	圉人	（1）（莊32）與女公子戲。（2）（定8）欲殺公若	2	
	馬正 （家司馬）	（1）（襄23）公鉏爲季氏馬正。（2）（昭25）叔孫氏之司馬鬷戾帥徒救季氏	2	夏官七類
秋官	司寇	（1）（文18）逐不義之人出境。（2）（宣18）逐東門氏。（3）（襄21）整治盜賊。（4）（定元）掌先君墓祀之事。（5）（定12）助攻伐。	5	
	行人	（1）（文4）甯武子來聘，使行人私焉。（2）（昭6）季孫宿使行人告晉君。	2	秋官二類
冬官	司空	（1）（隱2）司空無駭入極。（2）（昭4）孟孫爲司空以書勳。	2	
	匠	（1）（襄4）匠以蒲圃之槚爲小君之棺木	1	冬官二類
其它	司曆	（1）（襄27）記錄日食。（2）（哀12）火猶西流，過也	2	
	馬正	（定10）使郈馬正侯犯殺公若	1	
	嗇夫	（昭17）日食，嗇夫馳	1	
	周人	（哀3）出御書	1	近《周禮》〈司書〉
	官人	（哀3）肅給	1	
	車（車士）	（哀14）獲麟	1	
	工正	（昭4）夫子爲司馬，與工正書服	1	
	正夫	（襄23）助孟氏開墓道	1	
	亞旅	（文15）華藕請承命於亞旅	1	其它九類

職 官 別	總 數	比 例
天 官	7	15.56%
地 官	5	11.11%
春 官	13	28.89%
夏 官	7	15.56%
秋 官	2	4.44%
冬 官	2	4.44%
其 它	9	20%
合 計	45	100%

　　由以上表格可以得知，在四十五類職官中，以〈春官〉之比例爲最高，共佔 28.89%，幾乎接近所有出現官名的三分之一。由這個數據可以顯現，在當時的魯國，對於祭祀卜筮等事，還是十分注重，因此，這類官員出現在史書中的頻率也相對提高。在商代，統治者最大的活動是祭祀和戰爭，《左傳》成公十六年說：「國之大事，在祀與戎」，因此，主管祭祀貞卜等的尹、史、卜之類的文官及司征伐的武官，都是商王朝的重要臣正。以此來看魯國的眾多《春官》類職官，也就絲毫不足爲奇了！劉師培在〈論歷代中央官制之變遷〉一文說：「古代之初，無治民之官，僅有司天之官及君王之屬僚而已。司天之官，祝、宗、卜、史、巫覡是也。君主之屬僚，侍御、僕從是也。」〔註69〕這個論據與本文所檢索的六官比例高低相合。

　　不過，值得一提的是，在商王朝享有極高地位的尹、史、卜、巫等官，到了周代，其職位卻有逐漸下降的趨勢。從僖公二十一年：「夏，大旱，公欲焚巫尫」之事，對照昭公二十年齊國臣子因國君久病不癒，欲誅祝固、史嚚之事來看，國君一方面相信著巫具有呼風喚雨的能力，一方面卻又在他們的法力無法施展之時，即欲焚之，這種矛盾錯綜的心理，正昭示著在商代扮演無上神能的巫者，在周代已受到了極大的考驗，他們原本深被信服的溝通人神之法力已逐漸瓦解，並漸次淡出了政治的權力核心。

　　另外，由襄公二十三年，季氏以公鉏爲馬正，後公鉏氏富，又出爲公左宰之事見之，卿大夫之家臣，表現良好，亦可獲得「榮升」，由家臣變爲國君身邊之重臣。
無獨有偶地，衛國亦有此種由家臣晉升爲國君身邊大夫之事例。

　　哀公十五年《傳》：「衛孔圉取太子蒯聵之姊，生悝。孔氏之豎渾良夫長而美，孔文子卒，通於內。太子在戚，孔姬使之焉。太子與之言曰：『苟使我入獲國，服冕、乘軒，三死無與。』」（卷五十九，頁1036）

　　渾良夫原爲孔氏之豎，掌大夫家內之事務，故可以與孔姬通焉。其因爲助太子入國，故獲得大夫等級的服冕、乘軒的權力。其以助君獲國之功，從家臣之豎躍升爲大夫，實屬破格之舉，此與魯公鉏原爲季氏馬正，後又出爲公左宰，雖同樣是破格晉升，然所取手段不一，故渾良夫雖有三死無與之特權，仍然難逃一死也。

　　魯國之官制，因襲舊制，基本上皆任用本國公族執政，異姓貴族無一居

〔註69〕劉師培〈論歷代中央官制之變遷〉頁3299，收於《國粹學報》第二十七期。

要職者。三桓的卿位、官職是世襲不變的。如季孫氏世爲上卿和司徒、叔孫氏世爲亞卿和司馬、孟孫氏則世爲卿和司空，這和晉、鄭、宋等國不一樣，後者大都是卿依次遞升，而不世襲。〔註70〕然則，不管是本國公族或異姓貴族，一旦大權在握，則無不虎視眈眈地覬覦國家的最高權力。三桓的專政、三家的分晉，正是此種權力慾望的化身。由此看來，任何再好的制度，恐怕都得衝破人性貪念的藩籬，才能落實其設計的精髓，造福天下百姓。

第二節　鄭國職官

鄭桓公友者，周厲王少子，而宣王庶弟也。宣王立二十二年，友初封于鄭；封三十三歲，百姓皆便愛之，幽王以爲司徒。其後桓公東徙其民雒東，而虢、鄶獻十邑，於是桓公竟國之。〔註71〕顧棟高論鄭國之地勢曰：「其地當中國要害，四面皆強國，故雖以鄭莊之奸雄，無能爲狡焉。……齊晉迭伯，與楚爭鄭者二百餘年。」〔註72〕

以如此之地理與國勢，鄭國往外擴展疆域之既不能，只能自保地鞏固既有之領土。反映在官制上的特色，除以多人共同執政外、尚有善於辭令的子產以及行人子羽；另外，更設專責辭令的令正與執訊二官，形成以言辭見長的鄭國特色。是以顧棟高曰：「鄭之地險盡失，徒善其區區之辭令，以大義折服晉、楚，雖以楚靈王之暴橫，莫敢凌侮。蓋亦人謀之臧，匪關地勢矣。」〔註73〕

鄭爲姬姓之國，然地勢近楚，是以鄭官之中，除與周制相似外，亦不乏楚之影響。劉起釪曰：「鄭所見三十七官名中，僅春秋末年所見開卜一官與周卜正稍異（可爲卜正屬官），而與楚開卜同，似爲受楚偪所蒙影響，而其全部制度固與周一致。……鄭執政當國十六任，除大夫一人外，其餘皆卿，子產一人則以卿任少正。」〔註74〕爲政。

就《左傳》所見，鄭國之主政者，首以當國，次爲爲政，再次則有司馬；

〔註70〕見郝鐵川著《周代國家政權研究》頁60。黃山書社，1990年4月。
〔註71〕《史記・鄭世家》卷四十二，頁2982～2985。司馬遷撰，瀧川龜太郎考證。天工書局印行，民國78年。
〔註72〕顧棟高《春秋大事表》卷四，頁294，景印文淵閣四庫全書，臺灣商務印書館印行。
〔註73〕同上，頁295。
〔註74〕劉起釪〈《周禮》是春秋時周魯衛鄭官制的產物〉頁18，收於《中國文哲研究通訊》第三卷第三期，民國82年。

不過每次《傳》所見，次序並不一致，茲以《傳文》所見鄭之當政者爲主，以見其權力核心之大概。

1. 僖公七年：管仲曰：「……鄭有叔詹、堵叔、師叔三良爲政，未可間也。」（卷十三，頁215～216）

此所謂三良爲政，係概泛言之，並未著其官稱。鄭國之執政諸士，據襄公二年，有所謂的當國、爲政與司馬。人數依舊爲三，與此所謂「三良爲政」之人數互相吻合。此爲鄭國官制之特色，採用多人執政；其餘諸國則大多單指一人。

2. 襄公二年：秋，七月庚辰，鄭伯睔卒。於是子罕當國，子駟爲政，子國爲司馬。晉師侵鄭。諸大夫欲從晉。（卷二十九，頁499）

此是鄭成公新喪，重新安排的一個政局。杜注「當國」曰：「攝君事。」楊伯峻以爲此〈注〉不確。並說：「杜注似受何休影響。《公羊》凡九言當國，皆以爲君欲奪君位而言。《左氏》義未必與《公羊》同。……（襄）二十七年言「慶封當國」，杜于此〈注〉云：『當國，秉政』，得其實矣。」〔註75〕

然既有當國，又有爲政，則二者之區分何在？〈正義〉曰：「《禮》，君薨，聽於冢宰，不須攝行君事。此令子罕當國者，鄭國間於晉、楚，國家多難。喪代之際，或致傾危。蓋成公顧命，使之當國，非常法也。子駟爲政，已是正卿，知當國者，爲攝君事也。」〈正義〉區分當國與爲政，著眼爲喪代之際，故以當國爲攝代君事，同於〈杜注〉；然其後之《傳文》屢見鄭國有「當國」一詞，且並非皆在喪代之際，故知當國爲鄭執政者之稱呼，並非僅是喪代之際攝行君事的一個稱謂。

郝鐵川以爲：「鄭國本以司徒、司馬、司空爲卿職。進入春秋中葉後，卿族互爭，內亂頻仍，外患又亟，國勢危殆，極需一個幹練的政治家應付局勢。鄭成公之世，子罕和子駟屢建奇功，因此成公欲使兩人爲僖公顧命大臣，便設立了『當國』和『爲政』兩職。鄭簡公時，又立少正子產爲卿，故在春秋中期，鄭逐漸形成了六卿制度。六卿之官爲『當國』、『爲政』、『司馬』、『司空』、『司徒』及『少正』。卿的位次是世襲的，罕氏常掌國政，以爲上卿。但官職不世襲，『當國』『爲政』是依照卿的位次傳遞的，上卿並不一定就是執政首腦。一句話，世卿而不世官。」〔註76〕

〔註75〕楊伯峻《春秋左傳注》頁922，源流出版社，民國71年。
〔註76〕郝鐵川著，《周代國家政權研究》頁60，黃山書社，1990年。郝氏此處之論

3. 襄公十年：孟獻子曰：「鄭其有災乎！師競已甚。周猶不堪競，況鄭乎！
　　有災，其執政之三士乎！」……於是子駟當國，子國為司馬，子耳
　　為司空，子孔為司徒。冬十月戊辰，尉止、司臣、侯晉、堵女父、
　　子師僕帥賊以入，晨攻執政于西宮之朝。殺子駟、子國、子耳，劫
　　鄭伯以如北宮，子孔知之，故不死。（卷三十一，頁 540～541）

　　杜注「子駟當國」曰：「攝君事也。」又注「執政之三士」曰：「鄭簡公
幼少，子駟、子國、子耳秉政。」既謂子駟「秉政」，則所謂「攝君事」亦多
餘之詞也。《會箋》曰：「當國為專大政，其次為聽政，則與聞政事而不能專
也。如魯季氏則當國，而叔氏、孟氏為聽政。漢之大將軍霍光、王鳳為當國，
而丞相、御史大夫則聽政。宋平章事與參知政事，亦其次第也。杜云『攝君
事』，非。」〔註77〕

　　另，竹添光鴻對於此次亂事，有非常細微的觀察。其曰：「起處敘五族作
亂根由，連下三子駟字，見得五族所怨，止子駟一人耳。苟非有人欲代之執
政，何故波及子國、子耳也。鄭有六卿，撇下子展、子蟜二人，獨將子國、
子耳、子孔階級次序，歷歷注明者，所以明在子孔下者，不足復忌。而三人
死後，書子孔知之，知之二字中，有無限隱情也。書盜，無大夫者，所以明
諸賊皆無能為，若非有大臣在內隱操縱之者，斷不能乘機而發，一朝而殺三
卿也。

　　此執政之人數同於僖公七年及襄公二年；然其官職則有所變動。襄公二
年之執政為「當國、為政、司馬」，而此執政之三人則為「當國、司馬、司空」，
所不變者為當國與司馬，至於為政與司空則為取消與新增之勢。

　　此段《傳文》再度顯示鄭國之所謂執政，泛指三卿，而非專指一人。

4. 襄公十年：子孔當國，為載書，以位序、聽政辟。大夫、諸司、門子
　　弗順，將誅之。（卷三十一，頁 541）

　　杜注：「自群卿諸司，各守其職位，以受執政之法，不得與朝政。」〈正義〉
曰：「於時鄭伯幼弱，政在諸卿，國事相與議之，不得一人獨決。子孔性好專權，

點，與其在《中國史研究》1987 第一期所發表之〈論春秋官制的演變〉所謂
之「自此之後，鄭國的執政常不依卿之位次傳遞，而注意破格選拔公族中有
才幹的人來擔任『當國』和『為政』，維護公室權益，抑制卿大夫勢力的發展。」
並不相同。顯然後期所論之「『當國』『為政』是依照卿的位次傳遞的」較符
合鄭國當時的情況。
〔註77〕《左傳會箋》第十五，頁 1038，竹添光鴻著，天工書局印行，民國 77 年。

自以身既當國，望其一聽於己。新經禍亂，與大夫設盟，爲盟載之書曰：『自群卿諸司以下，皆以位之次序，一聽執政之法，悉皆稟受成旨，不得干與朝政。』令其權柄在己也。……服虔曰：『鄭舊，世卿父死子代。今子孔欲擅改之，使以次先爲士、大夫、乃至卿也。』若如服言，唯當門子恨耳，何由諸司、大夫亦不順也。子孔若爲此法，即是自害其子，子孔之子亦當恨，何獨他家門子乎？」

5. 襄公十九年：鄭子孔之爲政也專，國人患之，乃討西宮之難與純門之師。……鄭人使子展當國，子西聽政，立子產爲卿。（卷三十四，頁 587）

子孔本爲當國，今《傳文》指其「爲政」，知「爲政」爲秉持政事之謂，非職稱也。國人既討子孔，復使子展當國，子西聽政，立子產爲卿，同樣列舉三人，知此三人爲新的執政集團也，其中子產末著官稱，故未知此時執政官稱之順位有無變化。

6. 襄公二十六年：鄭伯賞入陳之功，三月甲寅朔，享子展，賜之先路三命之服，先八邑；賜子產次路再命之服，先六邑，曰：「自上以下，降殺以兩，禮也。臣之位在四，且子展之功也，臣不敢及賞禮。」公固予之，乃受三邑。公孫揮曰：「子產其將知政矣。」（卷三十七，頁 631～632）

杜注：「臣之位在四」曰：「上卿，子展；次卿，子西；十一年，良霄見經；十九年乃立子產爲卿，故位在四。」又宋・魏了翁・《讀書雜抄》曰：「後世官制『知』字始此。」

7. 襄公二十九年：鄭子展卒，子皮即位。於是鄭饑，而未及麥，民病。子皮以子展之命餼國人粟，户一鍾，是以得鄭國之民，故罕氏常掌國政，以爲上卿。（卷三十九，頁 666）

杜注：「子皮代父爲政也。」故「即位」二字，不單適用於國君，卿大夫之子繼父位，亦可用之。楊伯峻曰：「據三十年駟、良之爭，子皮一言而決，又授子產政；昭元年《傳》敘鄭國卿位時，爲罕皮（子皮）、公孫僑（子產），則子產雖執政，子皮位仍在其上。」〔註78〕

8. 襄公二十九年：然明曰：「謂政焉往？」禆諶曰：「善之代不善，天命也，其焉辟子產？舉不踰等，則位班也。擇善而舉，則世隆也。天又除之，奪伯有魄，子西即世，將焉辟之？天禍鄭久矣，其必

〔註78〕楊伯峻《春秋左傳注》頁 1157，源流出版社，民國 71 年。

使子產息之，乃猶可以戾。不然，將亡矣。」（卷三十九，頁674）

此處特別明言「位班」，則所謂「執政」，必有其一定之次序，不可失位。此舉伯有、子西，則是當時位在子產之上者，二者已亡，故依班次，必由子產執政矣。

鄭國在春秋初期採用的多人執政方式，至此似有轉變。從子產之後，鄭國政事之裁決，皆在子產一人身上；且其後子大叔繼任，《傳文》亦單論述一人，未再有多數執政的情形出現。

9. 昭公二十年：鄭子產有疾，謂子大叔曰：「我死，子必爲政。唯有德者能以寬服民，其次莫如猛。……」疾數月而卒。大叔爲政，不忍猛而寬。（四十九，頁861）

子產自知性命將終，故留下箴言與繼位者；從其知子大叔之將繼任而言，知鄭國之執政次序有其一定之選擇方式，「當國」一詞於鄭國四見；另外，襄公二十七年，《傳文》亦曾載齊國「慶封當國」。

鄭之卿制維持六卿之數；卿之中，又可分上卿、少卿等。《左傳》中屢見鄭國六卿之排名，如襄公九年載：「鄭六卿：『公子騑（子駟）、公子發（子國）、公子嘉（子孔）、公孫輒（子耳、良氏）、公孫蠆（子蟜、游氏）、公孫舍（子展、罕氏）』及其大夫、門子，皆從鄭伯。」（卷三十，頁528）此首見鄭國之六卿之排列也；皆穆公子，其順序爲駟氏、國氏、子孔、良氏、游氏、罕氏，其中子孔不在七穆之列。

其後如昭公元年：「鄭爲游楚亂故，六月丁巳，鄭伯及其大夫盟于公孫段氏。罕虎（罕氏）、公孫僑（國氏）、公孫段（豐氏）、印段（印氏）、游吉（游氏）、駟帶（駟氏）私盟于閨門之外。」（卷四十一，頁704）此時鄭六卿之排名爲：罕氏、國氏、豐氏、印氏、游氏、駟氏；鄭之政權已全掌握在七穆之中；至於昭公十六年：「夏四月，鄭六卿餞宣子于郊。……子齹（罕氏）、……子產（國氏）、……子大叔（游氏）、……子游（駟氏）、……子旗（豐氏）、……子柳（印氏）。」（卷四十七，頁828）其順位則爲罕氏、國氏、游氏、駟氏、豐氏、印氏。大抵罕氏常掌國政，而國氏則緊追其後也。

此六卿之中，仍有等級之區別，如如昭公六年：「楚公子棄疾如晉，報韓子也。過鄭，鄭罕虎、公孫僑、游吉從鄭伯以勞諸柤，辭不敢見。固請，見之。見如見王，以其乘馬八匹私面；見子皮如上卿，以馬六匹；見子產以馬四匹，見子大叔以馬二匹。」（卷四十三，頁752）其中子皮、子產、子大叔

降殺以兩，顯示三人之官爵必有不同，或者即是所謂上卿、亞卿、少卿之別。

另外，襄公二十六年，鄭伯賞入陳之功時，子產辭邑，並說：「自上以下，降殺以兩，禮也。臣之位在四，且子展之功也，臣不敢及賞禮。」（卷三十七，頁631）子產自陳其位在四，則可知鄭國平時極注重卿的排名。

鄭卿位之受命，係以大史命之。故襄公三十年：「伯有既死，使大史命伯石爲卿，辭。大史退，復命之，又辭。如是三，乃受策入拜。子產是以惡其爲人也，使次己位。」（卷四十，頁684）子產此時掌爲政之權，伯吾初爲卿，當從少卿做起；子產爲示優厚，故使次己位，則亦上卿也。故杜注：「畏其作亂，故寵之。」

另外，對於掌政之卿，有時以正卿或國卿等較尊敬的稱呼稱之，如襄公八年：「子國怒之曰：『爾何知！國有大命，而有正卿，童子言焉，將爲戮矣！』」（卷三十，頁520）此言正卿也，楊伯峻曰：「正卿指子駟，時專鄭政。」

又如襄公二十二年：子展廢良而立大叔，曰：「國卿，君之貳也。民之主也，不可以苟。請舍子明之類。」（卷三十五，頁600）此又稱卿爲國卿也。

對於卿之等級，較明顯的區分是上卿與少卿。

襄公二十九年：「葬靈王，鄭上卿有事。子展使印段往。」（卷三十九，頁666）〈正義〉曰：「鄭之上卿，即子展也。有事，謂君適楚，而代守國也。」

同年，「鄭子展卒，子皮即位。於是鄭饑，而未及麥，民病。子皮以子展之命餼國人粟，是以得鄭國之民，故罕氏常掌國政，以爲上卿。」（卷三十九，頁666）此謂「常掌國政，以爲上卿。」則上卿者，掌國政也。

另外，昭公三十年：「（游吉）曰：『靈王之喪，我先大夫印段實往，敝邑之少卿也。』」（五十三，頁928）此爲鄭有上卿、少卿之明文也。

卿之等級有上、有少，介於其間者，當爲亞卿。卿之等級如此明顯，在大夫方面，亦有上、亞、嬖之分別。

昭公元年：（子產）乃執子南而數之：「……子晳，上大夫，女，嬖大夫，而弗下之，不尊貴也。」（卷四十一，頁703）子產此處以「上大夫」與「嬖大夫」對舉，則其之同爲「大夫」之等級確無疑議，只是一是「上」，一是「嬖」而已。而哀公五年《傳》：「鄭駟秦富而侈，嬖大夫也，而常陳卿之車服於其庭。」（卷五十七，頁1001）亦是嬖大夫之等級也。

至於亞大夫之稱謂，出現於昭公七年。「罕朔奔晉，韓宣子問其位於子產。子產曰：「……朔於敝邑，亞大夫也，其官，馬師也。」（卷四十四，頁765）

晉因子產之敏，僅使朔降等爲嬖大夫，可知亞大夫之職原在嬖大夫之上。嬖大夫一詞，《左傳》全書中僅鄭二見，及罕朔奔晉後，晉亦「使從嬖大夫」，因此此一爵等共三見，皆與鄭有關。

而鄭卿之嫡子，則有一特別稱呼爲「門子」。襄公九年，鄭六卿：「公子騑、公子發、公子嘉、公孫輒、公孫蠆、公孫舍」及其大夫、門子，皆從鄭伯。」（卷三十，頁528）門子者，卿之適子也。〈正義〉曰：「《周禮·小宗伯》『掌三族之別，以辨親疏，其正室皆謂之門子。』鄭玄云：『正室，適子也，將代父當門者也。』是卿之適子爲門子也。」又，襄公十年：子孔當國，爲載書，以位序、聽政辟。大夫、諸司、門子弗順，將誅之。（卷三十一，頁541）

門子一詞，僅於鄭國二見，其順位並皆在大夫之後，則其指涉應如大夫一般，泛指某個範圍之內的特定人士。這些「門子」既是卿之適子，擁有未來的繼承權，因此，在政權轉移的當中，他們的地位也愈形重要，是以再次出現，均在政權的轉移之時。

另，因門子的順從與否，在當國者的眼中如此重要，可見鄭國官位之演替，「世襲」佔有非常重要的地位；否則，這些「卿的適子」不會具有如此之大的影響力。

一、《周禮》天官之屬

有關鄭國的記載，自《春秋》之始即見諸於《傳》，由著名的〈鄭伯克段于鄢〉開啓人們對鄭國的深刻印象。此時之鄭國由祭仲掌權，然一直到僖公七年，鄭國之職官制度才首現一個輪廓，有較明確的官名出現。鄭國初期之執政大臣如祭仲、高渠彌、叔詹等，皆未著有官稱。或因此爲世族掌權時期，襲沿舊有傳統，故職官制度未完全確立，連僖公七年，管仲所論及鄭國制度時，亦僅以「三良爲政」一語帶過；及至鄭成公時代左右，或因新的勢力漸漸形成，打破舊有的執政集團，才賦予這些執政者固定的名稱，因此，也才會有較明確的官制出現。

（一）大　宰

1. 襄公十一年：九月，諸侯悉師以復伐鄭，鄭人使良霄、大宰石㚟如楚，告將服于晉。……楚人執之。書曰：「行人」，言使人也。（卷三十一，頁546）

楊伯峻曰：「大宰雖為卿，有時執國之政權，有時則為散卿。鄭之六卿，皆穆公之後，所謂七穆者。是時子孔以司徒當國，良霄為正使，石㒶雖為大宰，僅副使耳。」〔註79〕

顧棟高曰：「程啓生曰：『石㒶為良霄之介，則太宰之官非鄭所重矣。』按鄭六卿其名可見者，司馬、司空、司徒三官。襄二年《傳》云，子罕當國，子駟為政，子國為司馬。十年《傳》云，子駟當國，子國為司馬、子耳為司空，子孔為司徒。盜殺子駟、子國、子耳，子孔當國。十九年《傳》云，鄭人使子展當國，子西聽政，立子產為卿。三十年《傳》云，子皮授子產政，曰：『虎帥以聽，誰敢犯子？』子產為政，是鄭卿最尊者當國，當國之下，復有為政一人，此二卿未知以何名命之？子產以少正為卿，則六卿之中，當有少正，又與宋六官不同。」〔註80〕

鄭以「當國」為卿中之最尊，前已論及；至於當國之下，則或為「為政」、或為「聽政」、或為「司馬」、「司空」，順位並不一定。而大宰並不在此執政集團之列，知大宰之官，在鄭國非尊官也。

列國之間設有大宰或宰之職者，除鄭之外，尚有周、魯、楚、宋、吳、越等國。見諸《傳文》最頻繁者，首推楚與吳。二者國家有地緣關係，其用大宰一官，當亦互相影響之故。

除大宰之外，鄭國之職官中亦曾出現一次「冢宰」之名。

昭公元年：「子皮戒趙孟，禮終，趙孟賦〈瓠葉〉。子皮遂戒穆叔，且告之。穆叔曰：『趙孟欲一獻，子其從之？』……及享，具五獻之籩豆於幕下，趙孟辭，私於子產曰：『武請於冢宰矣。』」（卷四十一，頁701）

杜注：「冢宰，子皮。」然鄭國並無冢宰之官。子皮其時為上卿並執政，故趙孟得以一般通行之官制稱呼之。

《會箋》曰：「冢宰為執政之美稱。猶南遺稱季氏為冢卿；士會稱蒍敖為宰也，非鄭獨設冢宰之官。」〔註81〕顧棟高之看法亦同。〔註82〕

冢宰之名，《左傳》中僅此一見。

〔註79〕楊伯峻《春秋左傳注》頁990，源流出版社，民國71年。

〔註80〕顧棟高《春秋大事表》卷十，頁584，景印文淵閣四庫全書，臺灣商務印書館印行。

〔註81〕《左傳會箋》第二十，頁1349，竹添光鴻著，天工書局印行，民國77年。

〔註82〕顧棟高《春秋大事表》卷十，頁583，景印文淵閣四庫全書，臺灣商務印書館印行。

（二）宰　夫

1. 宣公四年：楚人獻黿於鄭靈公。公子宋與子家將見。子公之食指動，
以示子家，曰：「他日我如此，必嘗異位。」及入，宰夫將解黿，
相視而笑。公問之，子家以告。（卷二十一，頁369）

宰夫之名《左傳》中凡三見，分別見於晉、齊與鄭。其所掌之事皆與烹割相關，知此職在各國之間所掌無異。

（三）府人、庫人

昭公十八年鄭國一場大火，全國危機總動員，投入相當多的人力參與此一救火行動中，是以此次《傳文》所敘及之官職也特別多。今為敘述方便，將《傳文》提前於此，另於後分述所見之官職。

1. 昭公十八年：火作，子產辭晉公子、公孫于東門，使司寇出新客，禁
舊客勿出於宮。使子寬、子上巡群屏攝，至于大宮。使公孫登徙
大龜，使祝史徙主祏於周廟，告於先君。使府人、庫人各儆其事。
商成公儆司宮，出舊宮人，寘諸火所不及。司馬、司寇列居火道，
行火所焮。城下之人伍列登城。明日，使野司寇各保其徵，郊人
助祝史，除於國北，禳火于玄冥、回祿，祈于四鄘。書焚室而寬
其征，與之材。三日哭，國不市，使行人告於諸侯。（卷四十八，
頁841～842）

杜注：「儆，備火也。」〈正義〉曰：「〈曲禮〉云：『在府言府，在庫言庫』，皆是藏財賄之處，故使其人各自儆守以防火也。《周官》有大府、內府、外府、天府、玉府、泉府，而無掌庫之官。蓋府庫通言，庫亦謂之府也。諸侯國異政殊，故府庫並言也。」諸侯之職官，並無《周官》所載之繁複，則諸侯之國，以府人兼管數職也。

「府人」之官名，分別見於魯、鄭、晉、宋四國。晉之府無虛月、宋司城蕩意諸效節於府人而出；鄭之府人則於火災時儆其事，以此四國之府人職司之事而觀，其與《周禮》之記載確有相符。至於「庫人」之稱，則僅於鄭國一見。

（四）司　宮

杜注：「司宮，巷伯寺人之官。」此司宮所負之任務，為「出舊宮人，寘諸火所不及。」知其為掌管宮廷之內門禁之類的官員。〈杜注〉以司宮、巷伯、寺人為同類之官，故以「巷伯寺人之官」解釋司宮。此三者皆為受過宮刑，以掌管宮廷內事務之官，故三者性質相似，而所掌之範圍或有些微差異也。

故襄公九年宋災時，「命巷伯、司宮儆宮」，巷伯、司宮分開言之，則此二官各有其不同之職守也。

司宮之名，《左傳》中四見，分別是魯、楚、鄭、宋四國。

（五）外　僕（掌舍）

1. 僖公三十三年：楚令尹子上侵陳、蔡。陳蔡成，遂伐鄭，將納公子瑕。門于桔柣之門，瑕覆于周氏之汪，外僕髡屯禽之以獻。（卷十七，頁291）

2. 襄公二十八年：子產相鄭伯以如楚，舍不爲壇。外僕言曰：「昔先大夫相先君適四國，未嘗不爲壇。自是至今亦皆循之。今子草舍，無乃不可乎？」（卷三十八，頁653）

杜注「外僕」曰：「掌次舍者。」

《周禮》天官之屬有掌舍下士四人，掌次下士四人。掌舍「掌王之會同之舍」；掌次「掌王次之法，以待張事。……諸侯朝、覲、會、同，則張大次、小次。」〔註83〕知外僕之職掌類似於掌舍及掌次，負責會同之時壇舍之搭建也。

3. 昭公十三年：甲戌，同盟于平丘，齊服也。令諸侯日中造于除。癸酉，退朝。子產命外僕速張於除。（卷四十六，頁812）

外僕之官，僅三見於鄭國，其它諸國並無此種官名之記載。

觀此三則記載，除僖公三十三年之外僕係禽人以獻外，其餘二則則掌爲壇及爲舍之事，《傳文》不載其人之名，知此爲卑微之官，不足載其人名也。

二、《周禮》地官之屬

（一）司　徒

1. 襄公十年：於是子駟當國，子國爲司馬，子耳爲司空，子孔爲司徒。……晨攻執政于西宮之朝，殺子駟、子國、子耳，……子孔知之，故不死。……子孔當國，爲載書，以位序，聽政辟。（卷三十一，頁540～541）

子孔本爲司徒，位在子駟、子國、子耳之下，則司徒之位，在鄭國排名第四；但三子死後，子孔則由司徒之職晉升爲「當國」。其司徒之職本掌何

〔註83〕《周禮・天官》卷六，頁92～94。

事，《傳》未明言。

司徒之官，各國大多皆有設立，如周、魯、鄭、衛、晉、齊、楚、宋、陳皆有司徒見於《傳》。

（二）封　人

1. 隱公元年：穎考叔爲穎谷封人，聞之，有獻於公。（卷二，頁37）

杜注：「封人，典封疆者。」〈正義〉曰：「《周禮・封人》掌爲畿封而樹之。鄭玄云：『畿上有封，若今時界也。』天子封人職典封疆，知諸侯封人亦然也。《傳》言祭仲足爲祭封人、宋高哀爲蕭封人，《論語》有儀封人，此言穎谷封人，皆以地名封人。蓋封人職典封疆，居在邊邑。穎谷、儀、祭皆是國之邊邑也。」

按：穎谷之地相當於今河南省登封縣；爲鄭國西南邊境之地。

《周禮・地官》序官曰：「封人，中士四人，下士八人。」故下文曰仲足因有寵而爲卿，則在諸侯之國，封人之官亦非卿，職等應與《周官》所言相差無幾。

2. 桓公十二年：初，祭封人仲足有寵於莊公，莊公使爲卿。（卷七，頁122）

杜注：「祭，鄭地。陳留長垣縣東北有祭城。封人，守封疆者，因以所守爲氏。」祭仲爲卿之後掌持鄭國之政，則可證祭仲本當爲大夫；但因寵信方能拔擢爲卿。祭在今河南省鄭縣，爲鄭都東北之地。

《左傳》封人之職，於鄭有穎谷封人、祭封人、楚封人掌築城、宋有蕭封人、呂封人、蔡則有郟陽封人。

三、《周禮》春官之屬

（一）司　墓（墓大夫）

1. 昭公十二年：司墓之室有當道者，毀之，則朝而堋；弗毀，則日中而堋。（卷四十五，頁789）

杜注「司墓之室」曰：「鄭之掌公墓大夫徒屬之家。」〈正義〉曰：「《周禮》墓大夫，下大夫二人，中士八人，掌凡邦墓之地域，爲之圖，令國民族葬。』鄭之司墓亦當如彼，此是掌公墓大夫。」

《周禮》稱之爲「墓大夫」，此稱爲「司墓」，爲同實異名之官稱也。《左傳》中司墓之官，僅鄭國一見。

（二）師（樂師）

1. 襄公十一年：鄭人賂晉侯以師悝、師觸、師蠲；廣車、軘車淳十五乘，
甲兵備，凡兵車百乘；歌鐘二肆，及其鎛、磬。（卷三十一，頁
546～547）

杜注：「悝、觸、蠲，皆樂師名。」〈正義〉曰：「樂師稱師，下稱賂以樂，
知此三人皆樂師。悝、觸、蠲，是其名也，服虔見下有鐘、鎛、磬，即云三
師是鐘師、鎛師、磬師，謂悝能鐘、觸能鎛、蠲能磬也。然則鄭人以師筏、
師慧賂宋者，又能鐘乎？能鎛乎？三師必是能鐘磬者，要不可即以名次配言
之。」

此三人爲樂師，官職無異議；然是否配其下文之樂器，而稱悝能鐘、觸
能鎛、蠲能磬，則未必也。《周禮・春官》設有樂師，專責「掌國學之政，以
教國子小舞。」另又有〈大師〉，「掌六律、六同，以合陰陽之聲。」是樂官
以「師」稱之，蓋由此故。除此之外，《周禮》另亦有磬師、鍾師、鎛師等，
蓋分工細詳，諸侯國中或亦有此類樂師，然無一一細分也。

2. 襄公十五年：鄭人以子西、伯有、子產之故，納賂于宋，以馬四十乘，
與師筏、師慧。……師慧過宋朝，將私焉。其相曰：「朝也。」慧
曰：「無人焉。」……慧曰「必無人焉。若猶有人，豈其以千乘之
相易淫樂之矇。必無人焉。」（卷三十二，頁566）

杜注：「樂師也。筏、慧其名。」此師則未注明專攻何種樂器，故前述〈正
義〉之言不爲無理。鄭國屢以樂師當做賄賂之禮，必是他國對鄭樂特別喜愛。
《會箋》曰：「樂官非可充賂之物，而鄭前以賂晉，此又賂宋，而此言淫樂，
蓋鄭聲淫，爲時所樂聽，故屢以充賂。」〔註84〕此樂師有相；且師慧自謂「淫
樂之矇」，則師慧必亦盲人也。

孔子對於鄭聲亦屢有批判，如《論語・衛靈公》載：「顏淵問爲邦。子曰：
『行夏之時，乘殷之輅，服周之冕，樂則〈韶〉舞。放鄭聲，遠佞人。鄭聲
淫，佞人殆。』」又〈陽貨〉載：「子曰：『惡紫之奪朱也，惡鄭聲之亂雅樂也，
惡利口之覆邦家者。』」〔註85〕足見當時鄭國音樂之聲名大噪，是以孔子出面
駁斥以正視聽也。

〔註84〕《左傳會箋》第十五，頁1093，竹添光鴻著，天工書局印行，民國77年。
〔註85〕分見《論語》卷十五，頁138；卷十七，頁157。十三經注疏本，藝文印書館
印行。

（三）卜

原文亦參照〈天官之屬〉第四〈府人〉條。原文為「公孫登徙大龜」，杜注：「登，開卜大夫。」開卜大夫係楚之官名，昭公十三年，觀從曰：「臣之先佐開卜。」杜預以楚官名釋鄭官也。

（四）祝　史

原文參照〈天官之屬〉第四〈府人〉條，係鄭國於昭公十八年發生一場大火，所有人員都出動以備救火。原文為「使祝史徙主祏於周廟，告於先君。……郊人助祝史，除於國北，禳火于玄冥、回祿，祈于四鄘。」

杜注：「有大災，故合群主於祖廟，易救護。」〈正義〉曰：「祝史，掌祭祀之官也。……就國北者，南為陽，北為陰，就大陰禳火。」此祝史既徙主祏，又禳水火，故為掌管祭祀之官。

（五）大　史

1. 襄公三十年：伯有既死，使大史命伯石為卿，辭。大史退，則請命焉。
   復命之，又辭。如是三，乃受策入拜。（卷四十，頁 684）

此大史掌策命之事也，相當於周內史之職。顧棟高曰：「《周禮》策命之事掌于內史，今鄭以大史主之。〈孔疏〉以為諸侯兼官無內史。然《尚書‧酒誥》有太史友、內史友，則諸侯得立內史，或鄭令大史兼攝之。」

諸侯之制不比周王，故周內史之事，於諸侯之國，或令大史兼官掌之也。《左傳》中所見之內史，皆周朝所有之官，諸侯國中不見有內史之官職也。

2. 昭公元年：鄭伯及其大夫盟于公孫段氏。罕虎、公孫僑、公孫段、印
   段、游吉、駟帶私盟于閨門之外，實薰隧。公孫黑強與於盟，使
   大史書其名，且曰「七子。（卷四十一，頁 704）

此大史掌國內卿大夫會盟之記載。與《周禮‧大史》之職「凡邦國都鄙及萬民之有約劑者藏焉，以貳六官。」相合。〔註86〕

大史之職，周、魯、衛、晉、齊亦有設置。

（六）都宗人

1. 莊公十四年：（原繁）對曰：「先君桓公命我先入典司宗祏。社稷有主，
   而外其心，其何貳如之？」（卷九，頁 156）

杜注：「宗祏，宗廟中藏主石室。言己世為宗廟守臣。」顧棟高謂此當是

〔註86〕《周禮‧地官》卷二十六，頁 401。

宗人之官，章炳麟《左傳讀》亦曰：「此為宗人之官也，……原繁于昭穆正是屬公之伯父，非泛稱也。……大夫家宗老用同姓，則諸侯之宗人亦當用同姓。」〔註87〕

《周禮·春官》都宗人之職，有上士二人，中士四人。職為掌都祭祀之禮，凡都祭祀，致福于國。

都宗人之職僅於魯國與鄭國各一見。

（七）宗　人（家宗人）

1. 襄公二十二年：鄭公孫黑肱有疾，召室老、宗人立段。（卷三十五，頁599）

此室老者，家宰也；宗人者，家宗人也。《周禮·春官》家宗人之職，亦有上士二人，中士四人。職為「掌家祭祀之禮，凡祭祀，致福。……掌家禮與其衣服、宮室、車旗之禁令。」〔註88〕

家宗人之職僅此一見。

四、《周禮》夏官之屬

（一）司　馬

1. 襄公二年：秋七月庚辰，鄭伯睔卒。於是子罕當國，子駟為政，子國為司馬。（卷二十九，頁499）

2. 襄公十年：於是子駟當國，子國為司馬，子耳為司空，子孔為司徒。（卷三十一，頁541）

以此前後二《傳》觀之，司馬之位雖前後不同，然可以確定的是，其位皆高於司空、司徒之上，而在當國之下。所不同者是襄公二年有「為政」一職，襄公十年則無。鄭六卿之官為「當國」、「為政」、「司馬」、「司空」、「司徒」及「少正」。顯然司馬之位高於司空與司徒，這在當時諸侯國中，是較為特殊的一點。且，鄭有司寇之官，而司寇不在六卿之數。

3. 昭公十八年：商成公儆司宮，出舊宮人，寘諸火所不及。司馬司寇列居火道，行火所焮。（卷四十八，頁841～842）

此司馬與司寇居於火道之旁，一則救火；一則禁盜；同時隨時注意大火的動向，以備隨時救火。此應當是非常時期之職責，故子產一一分配之，而

〔註87〕章炳麟《春秋左傳讀》頁195，學海出版社印行，民國73年。
〔註88〕都宗人與家宗人之職掌見《周禮·春官》卷二十七，頁422～423。

不同於平日之職掌。

（二）戎右、戎僕

1. 成公十六年：六月，晉楚遇於鄢陵。……石首御鄭成公，唐苟爲右。……
   唐苟謂石首曰：「子在君側，敗者壹大，我不如子，以君免，我請
   止。」乃死（卷二十八，頁476～477）

唐苟與石首分別出任鄭成公之御與右。從最後唐苟對石首所說的話可知，御戎與戎右二者相當於國君的貼身護衛，負有保護國君安危的大責。是以最後唐苟會要石首先讓國君脫離險境，而自己死於戰場。

另有一則關於鄭國御者之記載，雖非御戎，但可解釋御者之地位，茲錄如下。

襄公二十四年：晉侯使張骼、輔躒致楚師。求御於鄭，鄭人卜宛射犬，
吉。子大叔戒之曰：「大國之人不可與也。」對曰：「無有眾寡，
其上一也。」（卷三十五，頁610～611）

此是晉侯因爲鄭人有地利之便，故使鄭人御。值得注意的是，唐苟曰：「我不如子」，宛射犬曰：「無有眾寡，其上一也」，這兩段話都顯示了御者之地位在於車右及車左之上。是以《傳》文在敘述戎僕及戎右之時，皆以戎僕置前，而戎右置後。

戎右、戎僕之官，魯、鄭、衛、晉、楚、隨皆有。

（三）馬　師（圉師）

1. 襄公三十年：（伯有）自墓門之瀆入，因馬師頡介于襄庫，以伐舊北
   門。……羽頡出奔晉，……子皮以公孫鉏爲馬師。（卷四十，頁
   682～683）

馬師頡因參與伯有之亂而奔晉，子皮隨即遞補新任之馬師；除顯示馬師之職的重要性外，同時也說明執政大臣對於某些職務，可以自行挑選其繼任人選。

2. 昭公七年：罕朔奔晉。韓宣子問其位於子產。子產曰：「……朔於敝邑，
   亞大夫也，其官，馬師也。」（卷四十四，頁765）

此則《傳》文顯示出馬師之官爵僅屬於亞大夫。晉因子產之敏，使朔爲嬖大夫，〈正義〉曰：「子產數游楚云：『子皙上大夫；女，嬖大夫，不尊貴也。』則晉之嬖大夫，亦是下大夫。」

《周禮》中無馬師之職，依其官職名稱來看，其性質應屬夏官之屬的「圉師」一職。蓋圉師職掌「教圉人養馬」，是圉師爲圉人之長，與「馬師」相類

似也。〈夏官‧圉師〉未言其爵等，《傳》文記載馬師之官爵僅爲亞大夫，此或可補《周禮》之不足。

　　《左傳》中馬師之官僅出現於鄭國二次，其餘諸國則不見有此官職。

五、《周禮》秋官之屬

（一）司　寇

1. 昭公二年：子產曰：「……女罪之不恤，而又何請焉？不速死，司寇將至。」七月，戊寅縊，尸諸周氏之衢，加木焉。（卷四十二，頁720）

此司寇，刑官也，故子產喝令公孫黑，促其自縊，免使司寇行刑。

2. 昭公十八年：火作，子產辭晉公子、公孫于東門，使司寇出新客，禁舊客勿出於宮。……商成公儆司宮，出舊宮人，實諸火所不及。司馬司寇列居火道，行火所焮。（卷四十八，頁841）

　　司寇於此救火行動中，共兩見，一是出新客，禁舊客；另則與司馬居於火道之旁，以備隨時救火。火災乃極爲危急之事，故必須清理道路，限制閒雜人等的行動，大司寇之職曰：「凡邦之大事，使其屬蹕」，即此之類也。

（二）野司寇（縣士）

1. 昭公十八年：明日，使野司寇各保其徵，郊人助祝史，除於國北，禳火于玄冥、回祿，祈于四鄘。（卷四十八，頁841～842）

　　杜注：「野司寇，縣士也。火之明日，四方乃聞火，故戒保所徵役之人。」〈正義〉曰：「《傳》言野司寇，則司寇之官在野。《周禮》司寇屬官有縣士掌野，知野司寇是縣士也。鄭玄縣士注云：『地距王城兩百里以外至三百里曰野；三百里以外至四百里曰縣，四百里以外至五百里曰都。都縣野之地，其邑非王子弟公卿大夫之采地，則皆公邑也。謂之縣，縣士掌其獄焉，言掌野者，郊外曰野，大摠言之也。獄居近，野之縣獄，在二百里上；縣之縣獄，在三百里上；都之縣獄，在四百里上。』如鄭此言，采邑之民有獄，則采地之長官，各自斷之。若公邑之民有獄，則縣士斷之。縣士，司寇屬官，所掌在野，故此《傳》謂之『野司寇』也。〈縣士〉職曰：『各掌其縣之民，數而聽其獄訟，若邦有大役，聚眾庶，則各掌其縣之禁令。』則諸侯縣士亦當然也。縣士分在四方，不聞火；火之明日四方乃聞有災，故戒使各保其所應受徵役之人，皆令具備以待上命，慮有所須當徵之。」

〈秋官‧縣士〉有中士三十二人，宋野司寇之職，與《周禮》縣士「掌野」、「若邦有大役，聚眾庶」之職相合。其官名《左傳》中僅此一見。

（三）行　人

1. 襄公二十四年：晉侯嬖程鄭，使佐下軍。鄭行人公孫揮如晉聘，程鄭問焉，曰：「敢問降階何由？」（卷三十五，頁611）

杜注：「揮，子羽也。」子羽者，鄭國專職之行人也。

2. 襄公二十九年：楚郟敖即位，王子圍爲令尹。鄭行人子羽曰：「是謂不宜，必代之昌。松柏之下，其草不殖。」（卷三十九，頁665）

此子羽隨鄭伯爲楚康王送葬，並評論王子圍。

3. 襄公三十一年：文子入聘，子羽爲行人，馮簡子與子大叔逆客。……子產之從政也，擇能而使之，……公孫揮能知四國之爲，而辨於其大夫之族姓、班位、貴賤、能否，而又善爲辭令。（卷四十，頁688）

此段對於一位優秀的行人，有十分完整的說明。行人由於經常出使，是以對於各國之狀況，必須瞭若指掌，所以他必能（一）知四方諸侯之政令；（二）了解各國大夫之族姓、爵位、貴賤以及是否具備才幹，此是知人也；（三）必須善爲辭令，因爲行人是國與國之間溝通的橋樑也。正因爲子羽具備了這些條件，所以他才能成爲春秋時代最爲優秀的一位行人，就連孔子也曾讚譽過他。《論語‧憲問》：便載有「子曰：『爲命：裨諶草創之，世叔討論之，行人子羽修飾之，東里子產潤色之。』」之句。〔註89〕

4. 昭公元年：春，楚公子圍聘于鄭，且娶於公孫段氏。伍舉爲介。將入館，鄭人惡之，使行人子羽與之言，乃館於外。（卷四十一，頁697）

5. 昭公元年：叔向出，行人揮送之。叔向問鄭故焉，且問子晳。（卷四十一，頁708）

以上兩則，均是行人揮在鄭國之內接待他國來賓，則凡與他國相關之事務，皆是由行人掌理之，不論有否出國境。

子羽之擔任行人一職，從襄公二十四年見諸《傳文》之後，直至昭公元年仍有其事蹟的相關事件，其擔任行人之時間，最少有八年之時間，則一位

〔註89〕《論語‧憲問》卷十四，頁124。十三經注疏本，藝文印書館印行。

優秀的官員，是可以長在其位的。

6. 昭公十八年：火作，子產辭晉公子、公孫于東門，……三日哭，國不市，使行人告於諸侯。（卷四十八，頁 841～842）

此行人未著姓名，或因其不過是告災於諸侯，為較平常性之職務，毋需子羽親自出動。且既是告於諸侯，則必多位行人同時出發，以免貽誤時機也。

鄭國由於夾處各大國之間，因此，一位善於辭令的行人便相形重要。而除了如子羽此種專職行人外，偶而也以其它官員充任行人。如襄公十一年《經》：「楚人執鄭行人良霄。」《傳》：「九月，諸侯悉師以復伐鄭，鄭人使良霄、大宰石㚟如楚，告將服于晉。……楚人執之。書曰：『行人』，言使人也。」（卷三十一，頁 546）此時良霄本職為司徒，石㚟本職為大宰，而書曰：「行人」者，當時兩人以本官之職擔任溝通兩國之大使。蓋鄭國將改服於晉，無疑為叛楚，故特別派遣高階之官員前往交涉也。以此亦足見所謂「行人」之出使，端視國家情況而定，或專職、或兼職也。

六、《周禮》冬官之屬
（一）司　空
1. 襄公十年：於是子駟當國，子國為司馬，子耳為司空，子孔為司徒。（卷三十一，頁 541）

司空之職，在鄭國僅此一見，即連大火之時，都未見子產分派給予臨時工作。其與當國、司馬並稱為執政之三士，則其仍在執政集團之內；若依排名順序看，則在司馬之下、司徒之上。

七、其　它
（一）褚　師
1. 昭公二年：子產曰：「人誰不死？凶人不終，命也。作凶事，為凶人。不助天，其助凶人乎！」（公孫黑）請以印為褚師。（卷四十二，頁 720）

杜注：「褚師，市官也。」〈正義〉曰：「蓋相傳說也。」褚師之官，見於宋、鄭、衛。《周禮》中並無此官。然由公孫黑臨死為子請官來看，褚師應當也不是太差的官等。

顧棟高曰：「《周禮·地官》自司市以下，質人、廛人、胥師、賈師、司虣、

司稽、肆長，皆掌市政，而無褚師。成三年《傳》，知瑩之在楚也，鄭賈人有將置諸褚中，以出六書。故褚以貯衣，然則褚師之職，或當如〈王制〉所云：『布帛精粗不中幅，幅廣不中量，不鬻于市者，而褚師掌其禁與？』」〔註90〕

《會箋》曰：「《說文》褚，卒也。方言。楚東海之間，卒謂之弩父，或謂之褚。主擔幔弩廣。《廣雅》：『亭父，褚卒也。』杜云：『褚師，市官』義亦本此。蓋屬褚卒之長耳。」〔註91〕

褚師之職，宋、衛皆有以褚師為氏之人名，然不知其時是否仍為「褚師」之官？可知者為宋、衛亦曾經有過褚師之官也。

（二）少　正

1. 襄公二十二年：夏，晉人徵朝于鄭。鄭人使少正公孫僑對。（卷三十五，頁598）

杜注：「少正，鄭卿官也。」〈正義〉曰：「十九年《傳》云：『立子產為卿』，知少正是鄭之卿官名也。春秋之時，官名變改，《周禮》無此名也。」

楊伯峻曰：「少正即亞卿。十九年《傳》謂：『鄭人使子展當國，子西聽政，立子產為卿』，則子產位次第三，而亞於聽政。國君以下握有大權者謂之大政；大政，《漢書·五行志》作大正，政正二字本可通作，少正對大正而言。」〔註92〕

然襄公二十六年，鄭伯賞入陳之功時，子產辭邑，並說：「自上以下，降殺以兩，禮也。臣之位在四，且子展之功也，臣不敢及賞禮。」（卷三十七，頁631）則子產之位次有升有降，並無一定也。

襄公十年《傳》載鄭國執政之順序為「子駟當國，子國為司馬，子耳為司空，子孔為司徒。」其中並無「少正」一官；且鄭國之執政順序，時有「聽政」一官，時又無；則官名亦非一成不變，當是隨時代及需要不同，另作調整。

（三）令　正

1. 襄公二十六年：印堇與皇頡戍城麇，楚人囚之，以獻於秦。鄭人取貨於印氏以請之，子大叔為令正，以為請。（卷三十七，頁632）

杜注：「主作辭令之正」，則是負責起草對外辭令之長官。《會箋》曰：「鄭

〔註90〕顧棟高《春秋大事表》卷十，頁616，景印文淵閣四庫全書，臺灣商務印書館印行。

〔註91〕《左傳會箋》第二十，頁1380，竹添光鴻著，天工書局印行，民國77年。

〔註92〕楊伯峻《春秋左傳注》頁1065，源流出版社，民國71年。

於列國中，最善辭令，故執訊以通訊問，令正以主辭令。自子產知政，文辭為功，故夫子亟稱之。鄭以子大叔為令正者，因其有討論之才，又善決而文也。」〔註93〕

令正一官，不見於《周禮》；《左傳》中亦僅此一見。

（四）執　訊

1. 文公十七年：於是晉侯不見鄭伯，以為貳於楚也。鄭子家使執訊而與之書，以告趙宣子。（卷二十，頁349）

杜注：「執訊，通訊問之官，為書與宣子。」《會箋》曰：「列國皆尚辭令，鄭介大國之間，非文辭不為功。子產為政，輔以大叔諸人，應對策書尤極一時之盛。故其官有所謂執訊者，有所謂令正者，皆他國所無。夫子亦善其為命，宜良史之記言特詳矣。」〔註94〕

八、小　結

本文於鄭國職官中，所檢索之各類職官，詳如下表。

《周禮》六官歸屬	官　名	《　左　傳　》　記　事	出現次數	備　　註
天　官	大　宰	（襄11）為副使	1	
	宰　夫	（宣4）將解黿	1	
	府人、庫人	（昭18）火災之時，各儆其事	1	
	司　宮	（昭18）出舊宮人，寘諸火所不及	1	
天　官	外　僕（掌舍）	（1）（僖33）禽公子瑕以獻。（2）（襄28）建議子產為壇。（3）（昭13）速張於除。	3	天官五類
地　官	司　徒	（襄10）子孔為司徒	1	
	封　人	（1）（隱元）穎考叔為穎谷封人，有獻於公。（2）（桓12）祭封人有寵	2	地官二類
春　官	司　墓（墓大夫）	（1）（昭12）司墓之室當道	1	
	師（瞽矇）	（1）（襄11）賂晉侯（2）（襄15）納賂于宋	2	
	卜	（1）（昭18）徙大龜	1	
	祝　史	（1）（昭18）徙主祏於周廟	1	
	大　史	（1）（襄30）命伯石為卿。（2）（昭元）公孫黑強與盟，使大史書其名	2	
	都宗人	（莊14）典司宗祏	1	

〔註93〕《左傳會箋》第十八，頁1214，竹添光鴻著，天工書局印行，民國77年。
〔註94〕《左傳會箋》第九，頁664，竹添光鴻著，天工書局印行，民國77年。

	家宗人	（襄22）立後	1	春官七類
夏 官	司 馬	（1）（襄2）子國爲司馬。（2）（襄10）子國爲司馬。（3）（昭18）列居火道，行火所焮。	3	
	戎 右	（成16）御鄭成公	1	戎僕高於戎右
	戎 僕	（成16）御鄭成公	1	戎僕高於戎右
	馬 師 （圉師）	（1）（襄30）伯有自墓門之瀆入，因馬師頡介于襄庫。（2）（昭7）朔於敝邑，亞大夫也；其官，馬師也。	2	爵爲亞大夫 夏官四類
秋 官	司 寇	（1）（昭2）主刑。（2）（昭18）火作……出新客禁舊客……列居火道，行火所焮。	2	
	野司寇 （縣士）	（昭18）各保其徵	1	
	行 人	（1）（襄24）行人公孫揮如晉聘。（2）（襄29）論楚王子圍。（3）（襄31）子羽爲行人。（4）（昭元）行人子羽與之言。（5）（昭元）叔向出，行人揮送之。（6）（昭18）使行人告於諸侯。	6	有專職行人子羽秋官三類
冬 官	司 空	（襄10）子耳爲司空	1	冬官一類
其 它	褚 師	（昭2）公孫黑請以印爲褚師	1	
	少 正	（襄22）鄭人使少正公孫僑對	1	
	令 正	（襄26）子大叔爲令正	1	
	執 訊	（文17）鄭子家使執訊而與之書	1	其它四類

職 官 別	總 數	比 例
天 官	5	19.23％
地 官	2	7.69％
春 官	7	26.92％
夏 官	4	15.38％
秋 官	3	11.54％
冬 官	1	3.85％
其 它	4	15.38％
合 計	26	≒99.99％

由以上統計數字可知，在鄭國之職官中，仍以〈春官〉類職官出現的比例最高；而其官名見載於《周禮》中之比例高達 84.61％，因此，就鄭國而言，其與《周禮》官制之相容性在八成以上，至於未見於《周禮》中之官名，僅有 15.38％，是以劉起釪論定《周禮》之形成時，曾說：「周、魯、鄭、衛官

名彼此分別見於此時期文獻者，……幾乎無一不見於《周禮》。」〔註95〕從這高達八成以上的比例來看，此言確有其可信性。

而在鄭國所有職官當中，仍以〈春官〉所佔比例為最高，顯見占卜祭祀之事仍是鄭國所極為重視的。

第三節　衛國職官

衛之始祖，衛康叔也。「康叔為武王同母少弟，其次尚有冄季，冄季最少。武王已克殷紂，復以殷餘民封紂子武庚祿父，比諸侯，以奉其先祀勿絕。……周公且以成王命，興師伐殷，殺武庚祿父，管叔、放蔡叔。以武庚殷餘民封康叔為衛君，居河、淇間故商墟。……康叔之國，既以此命，能和集其民。民大說，成王長用事，舉康叔為周司寇，賜衛寶器，以章有德。」〔註96〕故衛國亦為姬姓，為周之後，據《史記》所載，康叔亦曾擔任周司寇之職，此周天子分封諸侯之初，諸侯尚為天子之大臣也。

衛國官爵之分等，其見諸《傳》文記載者，有所謂的冢卿、國卿及九世之卿族。

所謂冢卿者，卿之首位者也。襄公十四年《傳》載：「子鮮從公。及竟，公使祝宗告亡，且告無罪。定姜曰：「無神，何告？若有，不可誣也。……先君有冢卿以為師保，而蔑之，二罪也。告亡而已，無告無罪！」（卷三十二，頁 561）

杜注冢卿之句曰：「謂不釋皮冠之比。」則係指同年《傳》所載：「衛獻公戒孫文子、甯惠子食，皆服而朝，日旰不召。而射鴻於囿，二子從之，不釋皮冠而與之言。」之事。則所謂冢卿者，孫林父、甯殖也。又同年《傳》後曰：「衛人立公孫剽，孫林父、甯殖相之，以聽命於諸侯。（卷三十二，頁 562）則冢卿乃國家掌權之大臣；並在廢立之際，負責輔佐新君之大任，此一首位，並非由一人大權獨攬，而係二人合作性質，觀孫文子、甯惠子可知。此之官職為國內最高；惜《傳》未明言二子之官職。

另外，至於命卿的禮節，於僖公三十年有較詳明的記載。「衛侯使賂周歂、

〔註95〕　劉起釪〈《周禮》是春秋時周魯衛鄭官制的產物〉頁 18，收於《中國文哲研究通訊》第三卷第三期，民國 82 年。

〔註96〕　見《史記・衛世家》。《史記會注考證》卷三十七，頁 2696～2697，司馬遷撰，瀧川龜太郎考證。天工書局印行，民國 78 年。

冶厪曰：「苟能納我，吾使爾爲卿。」周、冶殺元咺及子適、子儀。公入，祀先君。周、冶既服，將命，周歂先入，及門，遇疾而死。冶厪辭卿。（卷十七，頁 284）

由此段傳文可知，國君命卿，必在太廟。故杜注：「服卿服，將入廟受命。」〈正義〉曰：「言祀先君，而服，將命，知其將入廟也。必入廟者，〈祭統〉云：『古者明君爵有德而祿有功，必賜爵祿於太廟，示不敢專也。命臣必在廟。』而〈王制〉云：『爵人於朝者，朝上詢於眾人，位定然後入廟受命，今世受官猶然。』」

除冢卿之外，尚有所謂之「國卿」，亦是一種美稱。

成公二年：衛侯使孫良夫、石稷、甯相、向禽將侵齊，與齊師遇。石子欲還。（石成子）又曰：「子，國卿也，隕子，辱矣。」（卷二十五，頁 421）

此國卿者，指孫良夫也；成公三年《傳》亦載：「晉侯使荀庚來聘，且尋盟。衛侯使孫良夫來聘，且尋盟。公問諸臧宣伯曰：「中行伯之於晉也，其位在三；孫子之於衛也，位爲上卿，將誰先？」對曰：「次國之上卿，當大國之中；中當其下；下當其大夫。小國之上卿，當大國之下卿，中當其上大夫，下當其下大夫。上下如是，古之制也。衛在晉，不得爲次國，晉爲盟主，其將先之。」則所謂國卿者，國家上卿之謂也，亦是對於國家上卿的一種美稱。

由以上《傳》文可知，春秋之時各國之官制，卿分上中下；大夫亦分上中下；故是二級官制，六等職分。然而，大國、中國、小國之間，官爵的對應尚有一套規則，茲以下表表示之。

大　　國	中　　國	小　　國
上　卿		
亞　卿	上　卿	
下　卿	亞　卿	上　卿
上大夫	下　卿	亞　卿
中大夫		
下大夫		下　卿

衛對晉而言，既是不得爲次國，則僅能爲小國而已；小國之上卿與大國之下卿相對應，故孫良夫爲上卿，則中行伯爲晉之下卿也。正因二者名位相當，所以臧宣叔之裁斷，係以晉爲盟主之故，故以晉爲優先，若非二者名位

相當，則其先後次序一目瞭然，不必再以盟主之地位爲區分先後之依據了。

　　另外，衛國之卿尙有「九世之卿族」。襄公二十五年：「衛獻公自夷儀使與甯喜言，甯喜許之。大叔文子聞之，曰：「烏呼！詩所謂『我躬不說，遑恤我後』者，甯子可謂不恤其後矣。將可乎哉？……必不免矣。九世之卿族，一舉而滅之可哀也哉！」（卷三十六，頁625）

一、《周禮》天官之屬

（一）右　宰

　　1. 隱公四年：九月，衛人使右宰醜涖殺州吁于濮。（卷三，頁57）

　　右宰，衛國官名。《會箋》曰：「襄十四年右宰穀從而逃歸。注：『穀，衛大夫。』則右宰蓋五大夫之小宰也。」〔註97〕

　　2. 襄公十四年：右宰穀從而逃歸，衛人將殺之。辭曰：「余不說初矣。余狐裘而羔袖。」乃赦之。（卷三十二，頁561～562）

　　杜注右宰穀：「衛大夫。」

　　3. 襄公二十六年：衛獻公使子鮮爲復。……告右宰穀。右宰穀曰：「不可。獲罪於兩君，天下誰畜之？」（卷三十七，頁629～930）

　　楊伯峻曰：「右宰蓋以官爲氏。……馬王堆三號墓出土帛書述甯喜事仍作右宰穀。」〔註98〕《呂氏春秋·觀表篇》載有右宰穀臣。其文曰：「邲成子爲魯聘於晉，過衛。右宰穀臣止而觴之，陳樂而不樂，酒酣而送之以璧，顧反，過而弗辭。」高誘注曰：「右宰穀臣，衛大夫也。」〔註99〕右宰穀臣即此右宰穀。

　　右宰之官，僅見於衛國，然魯國則有左宰一職。顧棟高曰：「魯有左宰，即當復有右宰；衛有右宰，即當復有左宰，然不知其所掌何職也。」〔註100〕

　　4. 襄公二十七年：衛甯喜專，公患之，公孫免餘請殺之。……夏，免餘復攻甯氏，殺甯喜及右宰穀，尸諸朝。（卷三十八，頁643）

　　杜注：「穀不書，非卿也。」以之與上引《呂氏春秋》高誘之注，意見相合也。

〔註97〕《左傳會箋》第一，頁55，竹添光鴻著，天工書局印行，民國77年。
〔註98〕楊伯峻《春秋左傳注》頁1112，源流出版社，民國71年。
〔註99〕《呂氏春秋·觀表》見《呂氏春秋校釋》卷二十，頁1413。呂不韋著、高誘注、陳奇猷校釋。華正書局出版，民國74年。
〔註100〕顧棟高《春秋大事表》卷十，頁622。景印文淵閣四庫全書。

　　右宰之官名，於《左傳》中僅四見；分別是右宰醜與右宰穀之事蹟，皆隸屬於衛。就《傳文》所載之記錄，右宰之官，在於衛國也非賤官。首先，他可以被派往監殺州吁及其後之事宜皆與廢立國君相關，足見其在衛國當時，蓋亦可以左右國政之人物是，故《會箋》以爲其當《周禮》之中的「小宰」一職。

（二）寺　人

　　1. 哀公十五年：良夫與太子入，舍於孔氏之外圃，昏，二人蒙衣而乘，寺人羅御，如孔氏。（卷五十九，頁 1036）

　　2. 哀公二十五年：公使侍人納公文懿子之車于池。（卷六十，頁 1050）

　　衛國有關寺人之記載，僅有此二則。其中寺人羅尙可爲良夫及太子御，則其可以外出活動；至於哀公二十五年出現之侍人，則爲宮內負責國君身邊事務的小臣而已。

（三）豎

　　1. 哀公十六年：衛侯謂渾良夫曰：「吾繼先君而不得其器，若之何？」良夫代執火者而言，……豎告太子。太子使五人輿豭從己，劫公而強盟之，且請殺良夫。（卷六十，頁 1044）

　　此是衛侯與渾良夫密言，渾良夫爲了避免談話外露，刻意地取代火者的工作；然而此時之豎並未被辭退，可見豎所負責之工作，是極爲貼近國君身邊的。是以其有機會聽到這一密謀，並將之轉達給太子。

二、《周禮》地官之屬

（一）司　徒

　　1. 哀公十五年：莊公害故政，先謂司徒瞞成曰：「寡人離病於外久矣，子請亦嘗之。」歸告褚師比，欲與之伐公，不果。（卷五十九，頁 1036）

　　司徒瞞成，各家無注。其「司徒」當爲此時之官職，若非爲現任官職，衛莊公不致欲驅逐之而後快。

　　2. 哀公二十五年：彌子飲公酒，納夏戊之女，嬖，以爲夫人。其弟期，大叔疾之從孫甥也，少畜於公，以爲司徒。（卷六十，頁 1050）

　　司徒期者，因其姐之故，以爲衛司徒之職，後其姐寵衰，期亦以作亂。

　　3. 哀公二十六年：司徒期聘於越，（悼）公攻而奪之幣。期告王，王命取

之，期以眾取之。公怒，殺期之甥之爲大子者，遂卒于越。（卷六十，頁 1052）

衛之司徒職有此三見，然皆未敘其職文，蓋衛國內亂不斷，君位爭奪之不暇，倘能顧及其它？

（二）師　保（師氏、保氏）

1. 襄公十四年：定姜曰：「無神，何告？若有，不可誣也。……先君有冢卿以爲師保，而蔑之，二罪也。」（卷三十二，頁 561）

楊伯峻曰：「爲卿佐即爲其師保。」師保者，蓋指孫林父、甯殖也。

（三）少　師

1. 襄公二十七年：公與免餘邑六十，辭曰：「唯卿備百邑，臣六十矣。……」公固與之，受其半，以爲少師。（三十八，頁 644）

由《傳文》可知，衛少師之爵爲大夫。「少師」之職，係相對於「太師」而言，如昭公十九年《傳》：「使伍奢爲之師；費無極爲少師。」是也。故少師可說是太師的輔佐，或是與太師共同輔佐國君或太子的師保人物。

除衛國有少師之外，隨、楚亦有此官。

（四）縣　人（縣正）

衛之縣人僅有一見，於邑下稱人，亦即縣邑之宰。

1. 成公二年：衛侯使孫良夫、石稷、甯相、向禽將侵齊，與齊師遇。……新築人仲叔于奚救孫桓子，桓子是以免。既，衛人賞之以邑，辭，請曲縣、繁纓以朝，許之。（卷二十五，頁 421～422）

杜注：「于奚，守新築大夫。」〈正義〉曰：「大夫守邑，以邑冠之呼爲某人。孔子父，鄹邑大夫。《傳》稱鄹人紇。《論語》謂孔子爲鄹人之子，即此類也。」

三、《周禮》春官之屬
（一）大師、瞽矇

1. 襄公十四年：孫文子如戚，孫蒯入使。公飲之酒，使大師歌〈巧言〉之卒章。大師辭，師曹請爲之。初，公有嬖妾，使師曹誨之琴，師曹鞭之。公怒，……公使歌之，遂誦之。（卷三十二，頁 560）

杜注：「大師，掌樂大夫。……師曹，樂人。」《周禮·春官》載〈大師〉之職曰：「掌六律、六同，以合陰陽之聲。……大祭祀：帥瞽登歌，令奏擊拊；

下管，播樂器，令奏鼓。大饗，亦如之。大射，帥瞽而歌射節。大師，執同律以聽軍聲而詔吉凶。大喪，帥瞽而廞；作柩謚。凡國之瞽矇，正焉。」〔註101〕此爲大師之職也。

大師既辭，師曹又接著應允此項差事，知大師當時率領樂人奏樂也。《傳》文又記載師曹曾教導公之嬖妾彈琴，則樂人除平時演奏之外，偶而也得應付類似此種額外之工作。

大師之名在《左傳》頗爲常見，然則二者同名異實也，蓋大師與太師可互通是也。唯一以掌樂大夫出現之「大師」，只有衛國此則記載。

（二）占　夢

1. 哀公十六年：衛侯占夢，嬖人求酒於大叔僖子，不得，與卜人比，而
   告公曰：「君有大臣在西南隅，弗去，懼害。」（卷六十，頁1044）

《周禮‧春官》有占夢一職，有中士二人，其職爲「掌其歲時，觀天地之會，辨陰陽之氣。以日月星辰占六夢之吉凶，一曰正夢，二曰噩夢，三曰思夢，四曰寤夢，五曰喜夢，六曰懼夢。季冬，聘王夢，獻吉夢于王，王拜而受之。乃舍萌于四方，以贈惡夢，遂令始難驅疫。」〔註102〕然《傳文》前言「占夢」，後言「卜人」，則占夢之職亦由卜人爲之。

占夢之官，僅衛國一見。

（三）大　祝

祝、史、宗本是三種不同職官；《周禮》中有大祝、小祝、喪祝、甸祝、詛祝五類祝官；大史、小史、內史、外史四類史官；大宗伯、小宗伯、內宗、外宗、都宗人、宗人六類宗人之官，然在《左傳》之中，祝與史、祝與宗經常連文而稱，似乎祝與史、宗之職務已有漸漸合流的趨勢。定公四年，《傳》載「分魯以祝、宗、卜、史」；此四者連言，則其職務必有密切之相關也。杜預於此注曰：「太祝、宗人、太卜、太史四官。」衛國屬於此類職官者，計有大祝、祝宗、祝史及大史、筮史五類。

1. 昭公二十年：公孟有事於蓋獲之門外，齊子氏帷於門外，而伏甲焉。
   使祝鼃寘戈於車薪以當門，使一乘從公孟以出。（卷四十九，頁
   854）

《會箋》曰：「祝是祭祀之人，豹與之謀，欲前後夾擊之。薪是祭祀之用，

〔註101〕《周禮‧春官》卷二十三，頁354～358。
〔註102〕《周禮‧春官》卷二十五，頁381～382。

佯爲輸車薪于祭所者。」〔註103〕

2. 定公四年：將會，衛子行敬子言於靈公曰：「會同難，嘖有煩言，莫之治也。其使祝佗從！」公曰：「善。」乃使子魚。子魚辭，曰：「臣展四體，以率舊職，猶懼不給而煩刑書。若又共二，徼大罪也。且夫祝，社稷之常隸也。社稷不動，祝不出竟，官之制也。君以軍行，祓社釁鼓，祝奉以從，於是乎出竟。若嘉好之事，君行師從，卿行旅從，臣無事焉。」公曰：「行也！」（卷五十四，頁946）

祝佗即大祝子魚也。此段十分明白地呈現了祝的職掌，依此段敘述，可見出大祝之職有下列職務及特性。

（1）「臣展四體，以率舊職」：舊職，謂繼承先人之職也，則祝官之職亦是世襲。

（2）「社稷不動，祝不出竟」：是大祝之官平時於國內執行任務，除非國家遷移，否則不輕易出境。杜於此注曰：「社稷動謂國遷。」〈正義〉曰：「《周禮·大祝》云：『大師，宜于社、造于祖、設軍社。及軍歸，獻于社，則前祝。』天子祝如此，則諸侯之祝亦然也。然則彼軍行，唯有社無稷，今社稷俱動，故知謂國遷也。」〔註104〕

（3）「君以軍行，祓社釁鼓，祝奉以從」：國有大事之時，必須先祓禱於社，並殺牲以血塗鼓鼙。〈正義〉注此曰：「〈釋天〉云：『起大事，動大眾，必先有事乎社而後出，謂之宜。』是軍師將出，必有祭社之事也。《周禮·女巫》掌祓除釁浴，則祓亦祭名，故知祓社即宜社也。……此皆祝官掌之。」

（4）嘉好會盟之事，祝不與焉。

（四）祝　宗

1. 襄公十四年：子鮮從公。及竟，公使祝宗告亡，且告無罪。（卷三十二，頁561）

杜注：「告宗廟。」于鬯《香草校書》以爲祝宗亦隨公行，故即爲壇于境而使之告神。但若以定公四年子魚所謂：「社稷不動，祝不出竟，官之制也。」則祝理當不該隨公出行。

（五）祝　史

〔註103〕《左傳會箋》第二十四，頁1616，竹添光鴻著，天工書局印行，民國77年。
〔註104〕〈大祝〉職文見《周禮·春官》卷二十五，頁389。原文於「設軍社」之下，尚有「類上帝，國將有事于四望」之句，〈正義〉未引。

1. 哀公二十五年：公爲支離之卒，因祝史揮以侵衛。（卷六十，頁 1051）

杜注：「揮，衛祝史。」祝、史本是二事，而今卻連言之。《會箋》曰：「祝應、祝宗區、史嚚出莊三十二年；祝固、史嚚出昭二十年，各有分職，揮蓋兼二事也。」以揮兼二事之故，故稱祝史揮。

《左傳》之中，不乏祝史連文之例，然因未加上人名，故其連文，可視爲一種通稱，未若此祝史揮有名可考也。其祝史連文之例，如隨少師曰：「祝史矯舉以祭」；趙孟曰：「其祝史陳信於鬼神無愧辭。」；鄭火災時，祝史徙主祏等等。此祝史連文，皆有關於祭祀之事，故可視爲二職之合稱也。

（六）大　史

1. 閔公二年：狄人囚史華龍滑與禮孔，以逐衛人。二人曰：「我，大史也，實掌其祭。不先，國不可得也。」乃先之。至，則告守曰：「不可待也。」（卷十一，頁 191）

杜注：「夷狄畏鬼，故恐言當先白神。」顧棟高曰：「《周禮・太史》大祭祀與執事卜日；祭之日，執書以次位常。」是太史掌祭事也。〔註 105〕 掌祭祀必告諸神明，是以以此藉口作爲緩兵之計也。

2. 襄公二十九年：（吳公子札）適衛，說蘧瑗、史狗、史鰌、曰：「衛多君子，未有患也。」（卷三十九，頁 673）

杜注：「史狗，史朝之子文子；史鰌，史魚。」

顧棟高曰：「《傳》中如史朝、史狗，杜注無明文。《論語》「史魚」，朱子《集註》：「史官名」，或是太史也。」〔註 106〕 觀《傳》所載之史朝，如康叔託夢及告誡公叔文子之事，皆似史官所掌，故當爲史職無誤也。

3. 昭公七年：嬖人婤姶生孟縶。孔成子夢康叔謂己：「立元，余使羈之孫圉與史苟相之。」史朝亦夢康叔謂己：「余將命而子苟與孔烝鉏之曾孫圉相元。」史朝見成子而告之夢，夢協。（卷四十四，頁 766～767）

《會箋》曰：「先記成子之夢，而史朝先以告，史之職宜然；成子，國卿也。聞而後語，得大臣之體也。」〔註 107〕

4. 定公十三年：初，衛公叔文子朝而請享靈公。退，見史鰌而告之。史

〔註 105〕顧棟高《春秋大事表》卷十，頁 596。景印文淵閣四庫全書第 179 冊，臺灣商務印書館印行。
〔註 106〕顧棟高《春秋大事表》卷十，頁 596～597。景印文淵閣四庫全書第 179 冊，臺灣商務印書館印行。
〔註 107〕《左傳會箋》第二十一，頁 1469，竹添光鴻著，天工書局印行，民國 77 年。

鰌曰：「子必禍矣！子富而君貪，其及子乎！」（卷五十六，頁 982）

史鰌者，史魚也，自襄公二十九年至此年，則已任四十九年矣！《論語・衛靈公章》：「子曰：『直哉史魚！邦有道，如矢；邦無道，如矢！』」孔疏曰：「衛大夫史鰌。」〔註 108〕《韓詩外傳七》亦曾載其「尸諫」之事。

（七）筮　史

1. 哀公十七年：衛侯夢于北宮，見人登昆吾之觀，被髮北面而譟曰……，公親筮之，胥彌赦占之，曰：「不害。」與之邑，寘之而逃，奔之宋。（卷六十，頁 1045）

杜注：「赦，衛筮史。……言衛侯無道，卜人不敢以實對，懼難而逃也。」杜預前言筮史，後言卜人，明此二職之區分甚微，筮史者，亦由善於占卜之人擔任也。

四、《周禮》夏官之屬

（一）戎僕、戎右

戎僕者，掌駕戎車也，《左傳》中稱之爲御戎。衛僅閔公二年與狄戰之時，衛懿公親征一見。

1. 閔公二年：狄人伐衛，……渠孔御戎，子伯爲右，黃夷前驅，孔嬰齊殿。（卷十一，頁 191）

戎右、戎僕之官，魯、鄭、衛、晉、楚、隨皆有。

五、《周禮》秋官之屬

（一）司　寇

1. 昭公二十年：衛公孟縶狎齊豹，奪之司寇與鄄。有役則反之，無則取之。（卷四十九，頁 854）

杜注：「齊豹，齊惡之子，爲衛司寇。……縶足不良，故有役，則以官邑還豹。」齊豹既爲司寇，又同時擁有官邑，則一般衛國大臣除本職外，亦皆擁有自己本身的封邑，平時也負擔一些國家之徒役工作。

2. 哀公二十五年：公之入也，奪南氏邑，而奪司寇亥政。（卷六十，頁 1050）

〔註 108〕《論語・衛靈公章》卷十五，頁 138。十三經注疏本，藝文印書館印行。

《會箋》曰:「〈酒誥〉曰:『圻父薄違,農父若保,宏父定辟。』圻父司馬、農父司徒、宏父司空,衛三卿官也。此《傳》云:『奪司寇亥政』,是衛以司寇爲卿矣。侯國三卿,司徒、司馬、司空是也。司空兼司寇之事,今衛以司寇爲政卿,非周制也。」〔註109〕

（二）大 士（士師）

1. 僖公二十八年:衛侯與元咺訟,甯武子爲輔,鍼莊子爲坐,士榮爲大士。(卷十六,頁 276)

杜注:「大士,治獄官也。《周禮》命夫命婦不躬坐獄訟,元咺又不宜與其君對坐,故使叔鍼莊子爲主,又使衛之忠臣及其獄官質正。」〈正義〉曰:「《周禮》獄官多以士爲名。鄭玄云:『士,察也。主察獄訟之事者。』……士榮亦輔莊子,舉其官名,以其主獄事,故亦使輔之。」

《周禮‧秋官》之屬有〈士師〉一職。其職爲「掌國之五禁之法,以左右刑罰:一曰宮禁,二曰官禁,三曰國禁,四曰野禁,五曰軍禁。皆以木鐸徇之于朝,書而縣于門閭。以五戒先後刑罰,毋使罪麗于民:一曰誓,用之于軍旅;二曰誥,用之于會同;三曰禁,用諸田役;四曰糾,用諸國中;五曰憲,用諸都鄙。掌鄉合州黨族閭比之聯,與其民人之什伍,使之相安相受,以比追胥之事,以施刑罰慶賞。掌官中之政令。察獄訟之辭,以詔司寇斷獄弊訟,致邦令。」

除此之外,尚有鄉士、遂士、縣士、方士、訝士、朝士等,各掌不同區域有關獄訟之事。〔註110〕此即大士爲治獄官之由來也。

《會箋》引俞樾之說法曰:「爲大士與爲輔、爲坐一律。皆當時所爲,非舉其平日所爲之官也。竊疑鍼莊子爲坐,不過代衛侯坐訟耳。至其往反辯論與晉獄官對理,則皆士榮爲之。名之曰:『大士』,蓋當時有此名目也。衛侯不勝,故士榮之罪獨重,鍼莊子爲坐者次之,甯武子爲輔者更次之。下文殺士榮、刖莊子、免甯俞,正以此也。」並認爲俞說可從也。〔註111〕

士師掌刑罰,在衛稱之爲「大士」;在齊則單稱爲「士」。

（三）行 人

1. 哀公十二年:衛人殺吳行人且姚而懼,謀於行人子羽。(卷五十九,頁

〔註109〕《左傳會箋》第三十,頁 2015,竹添光鴻著,天工書局印行,民國 77 年。
〔註110〕見《周禮‧秋官》卷三十四,頁 510 及相關職文。
〔註111〕《左傳會箋》第七,頁 520,竹添光鴻著,天工書局印行,民國 77 年。

1026）

杜注：「子羽，衛大夫。」

衛國除此子羽爲行人專官之外，尚有臨時奉派的兼官。

襄公十八年《經》：「夏，晉人執衛行人石買。」《傳》：「夏，晉人執衛行人石買于長子，執孫蒯于純留，爲曹故也。」（卷三十三，頁576）

杜注：「長子、純留二縣，今皆屬上黨郡。」《會箋》曰：「長子，周初爲辛甲所封邑，後歸晉，今爲山西潞安府長子縣。純留本留吁國，宣十六年，晉滅之爲邑，謂之純留，亦曰屯留。」〔註112〕則二子在晉之境內被執，明是出使至晉國而被執也。

又，定公七年《經》：「齊人執衛行人北宮結以侵衛。」《傳》：「衛侯欲叛晉，諸大夫不可。使北宮結如齊，而私於齊侯曰：『執結以侵我。』齊侯從之。」（卷五十五，頁962）

此二則有關衛國行人之記載，皆見錄於《經》，顧棟高曰：「行人見于《經》者六，是乃一時奉使，非專官。」則此處石買、孫蒯與北宮結，雖未明書其本有職官，然既爲《經文》所載，則爲臨時奉派之外交使節，非專任之行人官員也。

《左傳》書衛之行人共有三位，其中兩位因出使而被執；另一則是接受國人之諮詢，說明行人爲通辭令之官，是以有時亦擔任類似顧問的角色。

六、《周禮》冬官之屬
（一）匠
1. 哀公二十五年：公使三匠久，公使優盟拳彌。……司徒期因三匠與拳彌以作亂，皆執利兵，無者執斤。（卷六十，頁1050）

杜注：「斤，工匠所執。」此三匠各掌何職，《傳》未明言，但從執斤以爲武器來看，則所從事必是器具製作一類，才需要斧斤之類的工具。

七、家臣之類
（一）家　宰
1. 隱公四年：九月……石碏使其宰獳羊肩殺石厚于陳。（卷三，頁57）

〔註112〕《左傳會箋》第十六，頁1109，竹添光鴻著，天工書局印行，民國77年。

國君有卿大夫等官員，而卿大夫之家亦有家臣，其家臣之長曰宰，除總
管家內一切事務外，也可對主人作建言。此石碏家宰受命殺石厚，

2. 昭公二十年：齊氏之宰渠子召北宮子。北宮氏之宰不與聞，謀殺渠子，
   遂伐齊氏，滅之。（卷四十九，頁 955）

3. 哀公十五年：良夫與太子入，舍於孔氏之外圃，昏，二人蒙衣而乘，
   寺人羅御，如孔氏。孔氏之老欒寧問之，稱姻妾以告。（卷五十
   九，頁 1036）

（二）豎

1. 哀公十五年：衛孔圉取太子蒯聵之姊，生悝。孔氏之豎渾良夫長而美，
   孔文子卒，通於內。太子在戚，孔姬使之焉。太子與之言曰：「苟
   使我入獲國，服冕、乘軒，三死無與。」（卷五十九，頁 1036）

渾良夫原為孔氏之豎，掌大夫家內之事務，故可以與孔姬通焉。其因為
助太子入國，故獲得大夫等級的服冕、乘軒的權力。其以助君獲國之功，從
家臣之豎躍升為大夫，實屬破格之舉，此與魯公鉏原為季氏馬正，後又出為
公左宰，雖同樣是破格晉升，然所取手段不一，故渾良夫雖有三死無與之特
權，仍然難逃一死也。

八、其 它

（一）褚 師

1. 昭公二十年：公孟惡北宮喜、褚師圃，欲去之。……褚師子申遇公于
   馬路之衢，遂從。（卷四十九，頁 854）

2. 哀公十五年：莊公害故政，先謂司徒瞞成曰：「寡人離病於外久矣，
   子請亦嘗之。」歸告褚師比，欲與之伐公，不果。（卷五十九，
   頁 1036）

褚師圃及褚師比，或以褚師為氏，而非其官也。然既以褚師為氏，可見
衛亦曾經有過褚師一職。

褚師之職見於宋、鄭、衛。其中鄭為官名之稱；宋、衛則皆有以褚師為
氏之人名，然不知其時是否仍為「褚師」之職？可知者為宋、衛亦曾經有過
褚師之官也。詳見本文〈鄭職官〉部分。

（二）優

1. 哀公二十五年：公使三匠久，公使優狡盟拳彌。（卷六十，頁1050）

杜注：「優狡，俳優也。」蓋以優爲氏，狡其名也。拳彌係衛大夫，今衛侯故意使優狡與之盟約，欲恥辱也。由此知優之地位卑下，不可與大夫並列，是以拳彌深以爲恥。

各國中，僅齊與衛有俳優之類職官見諸於《傳》。

九、小　結

《周禮》六官歸屬	官名	《　左　傳　》　記事	出現次數	備　註
天　官	右　宰	（1）（隱4）殺州吁。（2）（襄14）右宰穀從而逃歸。（3）（襄26）衛獻公使子鮮爲復，告右宰穀。（4）（襄27）殺衛喜及右宰穀。	4	《會箋》以爲相當《周禮》之「小宰」
	寺　人	（1）（哀15）寺人羅御。（2）（哀25）公使侍人納公文懿子之車于池	2	
	豎	（1）豎告太子	1	天官三類
地　官	司　徒	（1）（哀15）莊公害故政，先告司徒瞞成（2）其弟期，……以爲司徒。（3）（哀26）司徒期聘于越	3	
	師　氏	（襄14）先君有冢卿以爲師保	1	
	保　氏	（襄14）先君有冢卿以爲師保	1	
	少　師	（襄27）以（免餘）爲少師	1	爵爲大夫
	縣　人（縣正）	（成2）新築人仲凌于奚救孫桓子	1	地官五類
春　官	大　師	（襄14）使大師歌〈巧言〉之卒章	1	
	瞽　矇	（1）（襄14）師曹請爲之……公有嬖妾，使師曹誨之琴	1	
	占　夢	（哀16）衛侯占夢	1	卜人
	大　祝	（1）（昭20）祝竈竇戈於車薪（2）（定4）君以軍行，被社釁鼓，祝奉以從	2	職爲世襲
	祝　宗	（襄14）公使祝宗告亡	1	
	祝　史	（哀25）魯哀公因祝史揮侵衛	1	
	大　史	（1）（閔2）掌祭。（2）（襄29）吳公子札適衛，說史狗、史鰌。（3）（昭7）史朝夢康叔託夢。（4）（定13）史鰌諫公叔文子	4	
	筮　史	（哀17）公親筮之，胥彌赦占之	1	春官八類
夏　官	戎　僕	（閔2）渠孔御戎	1	
	戎　右	（閔2）子伯爲右	1	夏官二類
秋　官	司　寇	（1）（昭20）公孟縶奪齊豹之司寇與鄧。（2）（哀25）衛公奪司寇亥政	2	
	大　士（士師）	（1）（僖28）衛侯與元咺訟……士榮爲大士。	1	
	行　人	（1）（哀12）謀於行人子羽	1	另有兼官之行人二位秋官三類

多 官	匠	（1）（哀25）執利兵或斤以作亂	1	多官考工記一類
其 它	褚 師	（1）（昭20）公孟惡北宮喜、褚師圃。（2）（哀15）歸告褚師比	2	
	優	（哀25）公使優狡盟拳彌	1	其它二類

職 官 別	總 數	比 例
天 官	3	12.5％
地 官	5	20.83％
春 官	8	33.33％
夏 官	2	8.33％
秋 官	3	12.5％
多官考工記	1	4.17％
其 它	2	8.33％
合 計	24	≒99.99

　　由上表可知，在衛國職官當中，〈春官〉出現之比例，仍高居第一位，且佔所有出現職官中三分之一以上，知衛國對於祭祀卜筮之事仍然十分重視。再者，其所有官名，除褚師與優之外，皆見於《周禮》，比例更高達 91.66 以上，更可說明《周禮》與衛國官制的密切性。

第四章　列國職官考述──晉、吳職官
（姬姓小國附）

　　晉、吳同爲姬姓之國，晉以三軍將佐代替各國通用的司徒、司馬、司空等官，建立軍政合一的制度，是春秋中官制十分特殊的國家；吳爲太伯之後，於春秋諸國中崛起較晚，稱霸於春秋晚期，且因楚國申公巫臣奔晉之後，欲以吳制楚，乃以晉之軍制教吳，故吳國職官制度所見雖然不多，亦有部份受晉國之影響。

　　另外，如虢、蔡、曹、隨等姬姓小國，因其國小勢微，官名見載於《傳》者不多，是以並附於此。

第一節　晉國職官

　　晉之先祖唐叔虞，乃武王之子、成王之弟。成王削桐葉爲珪，以封叔虞，故叔虞封於唐，唐叔子燮即爲晉侯。〔註1〕晉國以三軍將佐代替各國通用的司徒、司馬、司空等官，是春秋各國官制中極爲特殊的國家。

　　晉國官制之所以特殊，可在桓公六年之《傳》中找到一些線索。桓公六年，魯申繻對君問名時曰：「名有五，有信、有義、有象、有假、有類。……不以國，不以官，不以山川，不以隱疾，……晉以僖侯廢司徒，宋以武公廢司空。』」（卷六，頁112～114）這說明了晉國因爲晉僖侯因名爲「司徒」，故廢司徒之官，而改由中軍代替；宋國則因爲宋武公名爲「司空」，故廢除司空之官，而改由司城代替，此是兩國官制所以特殊之原因。

――――――――――――――
〔註1〕　《史記・晉世家》第九，頁2773～2775。

晉國本只有一軍，莊公十六年《傳》曰：「王使虢公命曲沃伯以一軍爲晉侯。」；閔公元年作二軍，爲上軍、下軍也。後僖公二十七年，則作三軍。《周禮・夏官》曰：「凡制軍，萬有二千五百人爲軍。王六軍，大國三軍，次國二軍，小國一軍。軍將皆命卿。二千有五百人爲師，師帥皆中大夫。五百人爲旅，旅帥皆下大夫。百人爲卒，卒長皆上士。二十五人爲兩，兩司馬皆中士。五人伍，伍皆有長。」〔註2〕知晉國原爲小國也，爾後隨著國勢之壯大，則有二軍三軍之作。

晉國在文公時建立了上中下三軍，各軍設將佐二人，以卿擔任。其中以「中軍將」地位最尊，亦稱「元帥」。僖公二十七年《傳》曰：「作三軍，謀元帥」是也。同時，亦可稱爲「將軍」，昭二十八年《傳》曰：「豈將軍食之而有不足？」是也。後世設官有「將軍」、「元帥」等名，其源實起於此。〔註3〕

中軍元帥既掌軍又治民，如晉靈公時的趙盾將中軍而「始爲政」，即曾頒佈一系列治國法令。在各軍將佐下復設有軍大夫、軍尉、軍司馬、軍司空、候奄等官，分別掌管軍中政事、軍紀、道路修復、偵察敵情等，爵爲大夫。故晉國官制可說是以軍事爲主的軍政合一。

由於晉國以中軍元帥治軍治民，故司馬、司空的地位，比其它國家低。司馬只掌管軍中法紀，而不是統兵之官，這是晉國治事職官與其它國家不相同的地方。〔註4〕

郝鐵川說：「晉國自春秋初年起，就走上了與它國相反的道路。公元前745年（魯惠公二十四年），晉昭侯封其叔父成師于曲沃，號曲沃桓叔，建立起一個庶子強宗政權。經過四十年，到曲沃武公時，這個小宗把晉國嫡室政權滅掉，取得了諸侯的地位。這種「賤妨貴、少陵長」的篡逆事件，竟被周王室許可、承認，這是晉國公族制度破壞的開始。曲沃武公的兒子晉獻公接受了他祖父傳下來的經驗教訓，就不再進行宗法分封，並經過士蒍對桓、莊之族的翦滅和驪姬對獻公諸子的陷害，晉國消除了公族。從此以後，歷整個春秋時代，晉國的公子、公族無受封者，無在國內當官任政者，廢除了公族執政的傳統，晉文公時，在打破舊制的基礎上，重新建立了內、外朝制度。」〔註5〕

〔註2〕《周禮・夏官》卷二十八，頁429。十三經注疏本，藝文印書館印行。
〔註3〕顧棟高《春秋大事表》頁625，景印文淵閣四庫全書。
〔註4〕見楊升南〈春秋各國官制〉，頁30～31。收於《中國古代官制講座》楊志玖主編，萬卷樓圖書有限公司出版，民國86年。
〔註5〕郝鐵川著，《周代國家政權研究》頁53，黃山書社，1990年。

　　晉之大夫人數非常多，並可分成上大夫、中大夫、嬖大夫等。以昭公五年為例，蓮啓疆曰：「羊舌肸之下，祁午、張趯、籍談、女齊、梁丙、張骼、輔躒、苗賁皇，皆諸侯之選也。」叔向為上大夫，則上大夫之下，尚有八人，皆晉之大夫也。

　　大夫原只是官爵；並非專為某職而立，故此不一一列出；不過，晉有幾種頗為特殊的大夫，則需在此仔細討論。

（一）右行、左行大夫

　　1. 僖公十一年：僖公十年：冬，秦伯使泠至報問，且召三子。邵芮曰：「幣重而言甘，誘我也。」遂殺平鄭、祁舉及七輿大夫，左行共華、右行賈華、叔堅、騅歂、纍虎、特宮、山祁、皆里、平之黨也。（卷十三，頁 222）

　　此左行、右行者，晉國步兵之制也；亦即率領左右步兵之大夫。

（二）上大夫

　　1. 昭公五年：晉韓宣子如楚送女，叔向為介。……及楚，楚子朝其大夫曰：「晉，吾仇敵也，苟得志焉，無恤其他。今其來者，上卿、上大夫也。」（卷四十三，頁 745）

　　此是以叔向為上大夫也。

（三）中大夫

　　1. 僖公四年：（晉獻公）及將立奚齊，既與中大夫成謀。（卷十二，頁 204）

　　《韓非子‧外儲說》曾述及晉國大夫之級別。〈左上〉曰：「中大夫，晉重列也。」又〈左下〉云：「故晉國之法，上大夫二輿二乘，中大夫二輿一乘，下大夫專乘，此明等級也。」〔註6〕

　　2. 僖公十五年：晉侯之入也，……許賂中大夫，既而皆背之。（卷十四，頁 229）

　　杜注：「中大夫，國內執政里、丕等。」〈正義〉曰：「〈晉語〉稱夷吾謂秦公子縶曰：『中大夫里克與我矣。吾命之以汾陽之田百萬，丕鄭與我矣，吾命之以負蔡之田七十萬，此外猶應更有賂也。』」

（四）嬖大夫

〔註6〕《韓非子‧外儲說》第十一卷，頁 94；第十二卷，頁 102～103。韓非著，上海古籍出版社印行，1989。

1. 昭公七年：（鄭）罕朔奔晉。韓宣子問其位於子產。子產曰：「卿違，
　　從大夫之位，罪人以其罪降，古之制也。朔於敝邑，亞大夫也，
　　其官，馬師也。……宣子為子產之敏也，使從嬖大夫。」（卷四十
　　四，頁 765）

杜注：「為子產故，使降等，不以罪降。」〈正義〉曰：「子產數游楚云：
『子皙，上大夫；女，嬖大夫；不尊貴也。』則晉之嬖大夫，亦是下大夫。
子產云：朔，亞大夫也，今晉侯使朔為下大夫，故杜云：『為子產故，使降等，
不以罪降。』」

　　總領晉國大政之臣為中軍元帥，亦泛稱「執政」。大略言之，稱「為政」
之時，多敘述與內政相關之事：稱為「中軍將」之時，則多為軍事。軍事者
多，且大多述三軍將佐，故本文另分節以表格之方式呈現之：至於稱為「為
政」之文，則伴有述其職文，故於此逐條細列討論之。綜觀《傳文》，其記錄
晉國「為政」者之事項有下列諸則。

　　1. 文公六年：陽子，成季之屬也，故黨於趙氏，且謂趙盾能，曰：「使能，
　　　國之利也。」是以上之。宣子於是乎始為國政。制事典，正法罪，
　　　辟獄刑，董逋逃，治舊洿，本秩禮，出滯淹，既成，以授太傅陽
　　　子與大師賈佗。（卷十九，頁 313）

　　此是晉國首見「為政」一詞，由趙盾擔任之；並明言趙盾為政之後，所
施行的各項行政事務，由此亦可見出為政者的權力範圍。《傳》於此所載有兩
點頗值得注意的，其一，陽子此時擔任「太傅」之職，卻可以更易全國權力
最大的中軍元帥一職；其二，趙盾規劃好各項措施之後，卻又「以授太傅陽
子與大師賈佗」，如此，是否太傅與大師即代表「為政」之下的一個權力位階？

　　對於此點，郝鐵川以為：「晉國的君主十分注意內朝與外朝之間的權力平
衡與牽制，如太師、太傅實為內朝之官，但卻有權推薦外朝的執政大臣——
中軍元帥，如晉太傅陽處父薦舉趙盾為中軍元帥（《左》文六年）；有權頒布
法令，如趙盾執政後，『制事典，正法罪，辟獄刑，董逋逃，治舊洿，本秩禮，
出滯淹，既成，以授太傅陽子與大師賈佗，使行諸晉國，以為常法。』（《左》
文六年）。」〔註7〕

　　然則，若說太師、太傅實有權選擇外朝的執政大臣，則執政權的轉移應
該和平落幕才是，但事實卻不然；陽子於同年即因更動賈季之官職而被賈季

　　　　　　　　　　　　　　　　　　　　　　　　　　
〔註7〕郝鐵川著，《周代國家政權研究》頁 54，黃山書社，1990 年。

使人殺之。《經》書「晉殺其大夫」，《左傳》注明：「侵官也。」則中軍將者，本爲國君所命，陽子擅自改易，即是侵官。可見，他當時之權位本在中軍將之下，但由於越權，眾人懾於淫威，敢怒不敢言，是以導致後來爲人所殺之下場，於此，《春秋經》也不忘記上一筆。因此，對於所謂「太師、太傅有權選擇外朝的執政大臣」的說法，在此持保留態度。

宣子此次的「爲政」大項包括：（1）行政法典方面：「制事典」；（2）刑法方面：「正法罪、辟獄刑、董逋逃」；（3）以及選用人才、設官分職：「治舊洿，本秩禮，出滯淹」由此可知當時之爲政者，實總攬全國事務。

2. 宣公元年：晉人伐鄭，以報北林之役，於是晉侯侈，趙宣子爲政，驟諫而不入，故不競於楚。（卷二十一，頁 362）

宣子於此負責進諫之責。

3. 宣公八年：晉胥克有蠱疾，郤缺爲政。秋，廢胥克，使趙朔佐下軍。（卷二十二，頁 379）

杜注：「朔，盾之子，代胥克，爲成十七年胥童怨郤氏張本。」

4. 宣公十七年：范武子將老，召文子曰：「……郤子其或者欲已亂於齊乎？不然，余懼其益之也。余將老，使郤子逞其志，庶有豸乎？爾從二三子唯敬。」乃請老。郤獻子爲政。（卷二十四，頁 412）

老，致仕也，亦即告老退休。此范武子自動請退，以將執政之位讓與郤獻子。故郝鐵川以爲六卿依次輪流執政，且「繼任者必在前任謝世或自動告老後，方能接任。」〔註8〕

5. 成公十八年：冬十一月，楚子重救彭城，伐宋。宋華元如晉告急。韓獻子爲政，曰：「欲求得人，必先勤之。成霸、安彊，自宋始矣。」晉侯師于台谷以救宋。（卷二十八，頁 489）

杜注：「於是欒書卒，韓厥代將中軍。」

6. 襄公十九年：季武子如晉拜師，晉侯享之。范宣子爲政，賦〈黍苗〉。（卷三十四，頁 585）

杜注：「代荀偃將中軍。」

7. 襄公二十五年：范宣子爲政，諸侯之幣重，鄭人病之。（卷三十五，頁 609）

楊伯峻曰：「晉爲霸主，諸侯往朝聘，例須納幣。此幣指一切貢獻品。」

〔註8〕郝鐵川著，《周代國家政權研究》頁 56，黃山書社，1990 年。

8. 襄公二十五年：趙文子爲政，令薄諸侯之幣，而重其禮。（卷三十六，頁621）

杜注：「趙武代范匄」楊伯峻曰：「二十四年士匄已輕幣，此又輕之。」

9. 襄公二十六年：齊烏餘以廩丘奔晉。襲衛羊角，取之。遂襲我高魚。……又取邑于宋。於是范宣子卒，諸侯弗能治也。趙文子爲政，乃卒治之。文子言於晉侯曰：「晉爲盟主，諸侯或相侵也，則討而使歸其地。今烏餘之邑，皆討類也，而貪之，是無以爲盟主也。請歸之。」（卷三十七，頁638）

10. 襄公三十一年：及趙文子卒，晉公室卑，政在侈家。韓宣子爲政，不能圖諸侯。魯不堪晉求，讒慝弘多。是以有平丘之會。（卷四十，頁685）

11. 昭公二十八年：秋，晉韓宣子卒，魏獻子爲政，分祁氏之田以爲七縣，分羊舌氏之田以爲三縣。」（卷五十二，頁912）

杜注：「獻子，魏舒。」

12. 成公六年：晉欒書救鄭，與楚師遇於繞角。楚師還，晉師遂侵蔡。……於是軍帥之欲戰者眾，或謂欒武子曰：「聖人與眾同欲，是以濟事。子盍從眾？子爲大政，將酌於民者也。子之佐十一人，其不欲戰者，三人而已。」（卷二十六，頁442）

杜注：「大政，中軍元帥。」〈疏〉引服虔曰：「是時欒書將中軍，荀首佐之；荀庚將上軍，士燮佐之；郤錡將下軍，趙同佐之；韓厥將新中軍，趙括佐之；鞏朔將新上軍，韓穿佐之；荀騅將新下軍，趙旃佐之。」

於晉稱「爲政」之其人其事已如上論；以下則專論晉國之職官制度。

一、《周禮》天官之屬

（一）膳　宰

1. 昭公九年：晉荀盈如齊逆女，還，六月，卒于戲陽。殯于絳，未葬。晉侯飲酒，樂。膳宰屠蒯趨入，請佐公使尊，許之。而遂酌以飲工，曰：「女爲君耳，將司聰也。……君之卿佐，是謂股肱，股肱或虧，何痛如之？女弗聞而樂，是不聰也。」亦自飲也，曰：「味以行氣，氣以實志，志以定言，言以出令，臣實失味，二御失官，而君弗命，臣之罪也。」公說，徹酒。（卷四十五，頁780～781）

　　由以上引文可以得知，晉國之膳宰亦主司調理鼎鼐之事，故屠蒯以「司味」形容自己之職責，再由「二御失官，而君弗命，臣之罪也」，可知膳宰官位高於樂工、寵嬖之類，故下屬有錯，長官引以自責也。屠者，屠宰也。蒯為庖人，職主屠宰，故曰屠蒯。如巫咸之巫，師曠之師也，皆以官為氏也。

　　屠蒯並在昭公十七年時，奉命如周，請有事於雒與三塗。杜預於此注曰：「屠蒯，晉侯之膳宰也，以忠諫見進。」《傳》文此處並未註明屠蒯之官職，則應該仍任原來膳宰之官，而為拔擢進用也。

（二）宰　夫

1. 宣公二年：晉靈公不君，厚斂以彫牆，從臺上彈人，而觀其辟丸也。宰夫胹熊蹯不熟，殺之，寘諸畚，使婦人載以過朝。（卷二十一，頁 364）

　　楊伯峻曰：「此宰夫即《周禮·天官》之膳夫。蓋天子曰：『膳夫』，諸侯曰：『宰夫』（天子另有宰夫，亦見《周禮·天官》，與此宰夫名同而實異），故莊公十九年《傳》云：『周惠王收膳夫之秩』，而此云宰夫。膳夫亦稱膳宰，昭九年《傳》有膳宰屠蒯，《儀禮·燕禮》云：『膳宰具官饌于寢東』、《禮記·玉藻》云：『皆造於膳宰』、《周禮》云：『膳宰監之』、『膳宰致饗』是也，宰夫掌君飲食膳羞。」〔註9〕

　　《左傳會箋》曰：「天子有宰夫，兼有膳夫。諸侯亦有宰夫，復有膳宰，見昭九年《傳》。天子宰夫下大夫；膳夫上士，天子膳夫卑於宰夫，則知諸侯膳宰亦卑於宰夫也。」〔註10〕

（三）甸　人（甸師）

1. 成公十年：六月丙午，晉侯欲麥，使甸人獻麥，饋人為之。召桑田巫示而殺之。」（卷二十六，頁 450）

　　杜注：「甸人，主為公田者。」

〔註9〕　楊伯峻《春秋左傳注》頁 655～656，源流出版社，民國 71 年。
〔註10〕　《左傳會箋》第十，頁 690。竹添光鴻著，天工書局印行，民國 77 年。然汪中文則曰：「膳宰亦通稱宰夫。《左傳》宣公二年，記晉靈公不君事云：『宰夫胹熊蹯不熟，殺之。』《公羊》宣公六年《傳》述此事云：『膳宰也。熊蹯不熟，公怒，以斗擊而殺之。』又，《左傳》昭公九年有『膳宰屠蒯』，《禮記·檀弓》述此事，則作：『杜蕢也，宰夫也。』是皆明證。蓋同掌飲食之事，故經傳多相通也。」見《兩周冊命金文所見官制研究》頁 98，國立臺灣師範大學國文研究所博士論文，民國 78 年。

《周禮》太宰之屬有甸師，其職曰：「掌帥其屬而耕耨王藉，以時入之，以共齍盛。祭祀，共蕭茅，共野果蓏之薦。喪事，代王受眚災。王之同姓有罪，則死刑焉。帥其徒以薪蒸役外、內饔之事。」〔註11〕

楊伯峻以為：「甸人，天子諸侯俱有此官，據《禮記・祭義》，諸侯有藉田百畝，甸人主管藉田，並供給野物，亦即《周禮・天官》之甸師。但《周禮・春官・大祝》及《儀禮・燕禮》、〈大射儀〉、〈公食大夫禮〉、〈士喪禮〉以及《禮記・文王世子》、〈喪大記〉以及〈周語〉中皆作甸人，可見本名甸人，《周禮》作者一時改為甸師。」〔註12〕

2. 襄公三十一年：諸侯賓至，甸設庭燎，僕人巡宮。（卷四十，頁687）

甸人既有「帥其徒以薪蒸役外、內饔之事。」，則此庭燎設火之事，當亦其職。《儀禮・大射》曰：「甸人執大燭於庭。」〔註13〕〈周語〉中亦有：「甸人積薪，火師監燎」之語，〔註14〕足見甸人除了掌管王田之外，亦負責庭燎設燭等事宜。

甸人之職僅晉國一見。

（四）獸　人

1. 宣公十二年：（魏錡）見六麋，射一麋以顧獻，曰：「子有軍事，獸人無乃不給於鮮？敢獻於從者。」（卷二十三，頁395）

《周禮・天官》有獸人之職，「掌罟田獸，辨其名物。冬獻狼，夏獻麋，春秋獻獸物。時田，則守罟。及弊田，令禽注于虞中。凡祭祀、喪紀、賓客，共其死獸生獸。」〔註15〕此魏射一麋以顧獻，自比為獸人，知諸侯「獸人」之職，與王朝相同也。

獸人之官，僅晉國一見。

（五）醫

1. 僖公三十年：「晉侯使醫衍酖衛侯，寗俞貨醫，使薄其酖，不死。」（卷十七，頁284）

《周禮》天官有各種類別之醫，如醫師、食醫、疾醫、瘍醫、獸醫等等。

〔註11〕《周禮・天官》卷四，頁63～65。
〔註12〕楊伯峻《春秋左傳注》頁850，源流出版社，民國71年。
〔註13〕《儀禮・燕禮》卷十五，頁178。十三經注疏本，藝文印書館印行。
〔註14〕《國語・周語中》卷二，頁71。韋昭注，漢京文化事業有限公司出版，民國72年。
〔註15〕《周禮・天官》卷四，頁65。十三經注疏本，藝文印書館印行。

由《傳》觀之，此處之醫，應是「醫師」。《周禮》醫師之職爲：「掌醫之政令，聚毒藥以共醫事。凡邦之有疾病者、有疕瘍者造焉，則使醫分而治之。」〔註16〕醫師操掌人類之生死，可使其生，當然也可以使之死，故晉侯使之酖衛侯也。

　　醫之官，晉、秦、楚、齊皆有設立。

（六）府

　　1. 襄公二十九年：叔侯曰：「……，魯之於晉也，職貢不乏，玩好時至；
　　　　公卿大夫，相繼於朝，史不絕書，府無虛月，如是所矣。」（卷三
　　　　十九，頁667）

　　魯對晉的進貢，除職貢之外，尚有「玩好」，所謂玩好者，璧馬輕裘之類是也。《周禮》中無「府人」之稱謂；然於〈天官〉有〈太府〉、〈玉府〉、〈內府〉、〈外府〉等職。〔註17〕皆掌貨賄之物，有「府」則必有府人掌管也。

　　「府人」之官名，分別見於魯、鄭、晉、宋四國。魯之子家子反國君所賜之物於府人、晉之府無虛月、宋司城蕩意諸效節於府人而出；鄭之府人則於火災時儆其事，以此四國之府人職司之事而觀，其與《周禮》之記載確爲相符。

（七）寺　人

　　寺人者，先秦對於宦官之別稱，於《周禮》中也稱作「奄」。鄭玄於《周禮‧天官‧酒人》下注曰：「奄，精氣閉藏者，今謂之宦人。〈月令〉仲冬：『其器閎以奄。』」《周禮》中以奄擔任的工作，有〈酒人〉奄十人；〈漿人〉奄五人；〈籩人〉奄一人；〈醢人〉奄一人；〈醯人〉奄二人；〈鹽人〉奄二人；〈冪人〉奄一人；〈內小臣〉：奄上士四人；〈內司服〉奄一人；〈縫人〉奄二人；〈春人〉奄二人；〈饎人〉奄二人；〈槁人〉奄二人；〈守祧〉奄八人。〔註18〕另又有〈寺人〉王之正內五人。鄭玄於此注曰：「寺之言侍也。」《說文》云：「侍，承也。」段玉裁注：「承者，奉也，受也。凡言侍者，皆敬恭承奉之義。」則寺人，亦爲奄也。觀上所有職務，共計十五種，所掌管皆宮內細微之事，然因其在宮內日夜走動，爲了避免意外，所有的「奄」以及「寺人」，都必須遭受宮刑，才能進宮。

　　宮刑，甲骨文寫作「🔣」，或寫作「🔣」，象用刀割男性生殖器之形。《周書》稱這種刑罰爲「劓」，《說文》云：「劓，去陰之刑也。」可見所謂宮刑，

〔註16〕　《周禮‧天官》卷四，頁66。
〔註17〕　《周禮‧天官》卷六，頁95、96、98。
〔註18〕　《周禮‧天官‧序官》頁15～19。

就是對人的生殖器實行閹割，使其失去性的機能。

春秋時期的宦官，主要出現在齊、晉、宋、秦等幾個勢力強大的諸侯國。
這與他們在政治、經濟上的發達有著直接的聯繫〔註19〕。

寺人亦是經過去勢手續的「奄人」，故僖公二十四年，寺人披自謂「刑臣」
也。晉國關於寺人之記載，詳列於後。

1. 僖公五年：及難，公使寺人披伐蒲。（卷十二，頁206）

2. 僖公二十四年：呂、郤畏偪，將焚公宮而弒晉侯。寺人披請見，公使
   讓之，且辭曰：……，對曰：「……今君即位，其無蒲、狄乎？齊
   桓公置射鉤，而使管仲相。君若易之，何辱命焉？行者甚眾，豈
   唯刑臣？」（卷十五，頁254）

3. 僖公二十五年：晉侯問原守於寺人勃鞮，對曰：『昔趙衰以壺飧從，徑，
   餒而弗食。」故使處原。（卷十六，頁264）

4. 成公十七年：厲公田，與婦人先殺而飲酒，後使大夫殺。郤至奉豕，
   寺人孟張奪之，郤至射而殺之。公曰：「季子欺余！」（卷二十八，
   頁483）

孟張者，厲公之寵臣。不過是一寺人而已，居然敢奪取卿大夫之獵物，
其氣焰之囂張，可以想見。因此一事件，後來甚至演變成君臣相殘的結果，
則宮廷內之權力惡鬥，亦可見矣。

晉國當中有關寺人披的記載見於此四則。晉獻公既然使寺人披刺殺重
耳，則對寺人披之信賴可想而知；之後，寺人披請見重耳，不卑不亢之態度
與藉管仲暗喻自己之謀略，已可見出此時之「寺人」已非操作勞役之下等官
吏矣。甚至到後來，晉文公還為了守原大夫向他徵詢意見。故馬良懷說：「可
見勃鞮後來已成為晉文公的重要謀士。」〔註20〕

（八）豎（內豎）

1. 僖公二十四年：「初，晉侯之豎頭須，守藏者也，其出也，竊藏以逃，
   盡用以求納之。」（卷十五，頁254）

杜注：「豎，左右小吏。」楊伯峻曰：「豎，未成年而給事者之稱也。其

〔註19〕見馬良懷著〈先秦宦官考〉，頁204。中國歷史文獻研究集刊第五集。

〔註20〕同上注，頁206。同時馬良懷亦以為，寺人與宦官是有區別的，是宮庭內的奴
隸產生分化，才出現「寺人」這個階層。並以為從奴隸裡面分化出來的人員，
有很大的一部分來源于社會上具有一定身分的人。

年當在十五以上十九以下。」

《周禮·天官》有「內豎」之職，掌「內外之通令，凡小事。若有祭祀、賓客、喪紀之事，則爲內人蹕。」〔註21〕晉侯之豎職爲「守藏」，與「掌內外之通令」不相符合，則是名同實異也。

豎之職亦見於曹、衛及魯國家臣。

二、《周禮》地官之屬

（一）牧（牧人）

《周禮·地官》〈牧人〉一職，以下士六人擔任。其職爲：「掌牧六牲而阜蕃其物，以共祭祀之牲牷。」鄭注曰：「六牲，謂牛、馬、羊、豕、犬、雞。」知所謂「牧」者，並不單指牧牛也。哀公元年，伍員敍述歷史，曾說「少康爲仍牧正」，杜預注曰：「牧官之長」，則牧之職自夏代已有之。《左傳》中晉、齊、楚皆曾見牧人官。

晉之牧見於襄公三十一年，子產聘于晉時，追敍文公爲盟主之時，使隸人、牧、圉皆管理好自身分內的工作。

昭公二十年，齊侯使公孫青聘于衛。公孫青自謙曰：「寡君之下臣，君之牧圉也。」則齊國亦當有牧人與圉人之官，故公孫青以此賤職自況。

昭公七年，楚國申無宇敍述「人有十等」時，曰：「馬有圉，牛有牧」，則楚亦有此官。

（二）縣　師

1. 襄公三十年：晉悼夫人食輿人之城杞者，絳縣人或年長矣，無子而
　　　往。……趙孟問其縣大夫，則其屬也。召之而謝過焉，曰：『武不
　　　才，任君之大事，以晉國之多虞，不能由吾子，使吾子辱在泥塗
　　　久矣，武之罪也。敢謝不才。』遂仕之，使助爲政。辭以老。與
　　　之田，使爲君復陶，以爲絳縣師，而廢其輿尉。（卷四十六，頁
　　　680～681）

杜曰：「縣師掌地域辨其夫家人民。」

《周禮·地官·縣師》有上士二人，中士四人。其職爲「掌邦國、都鄙、稍甸、郊里之地域，而辨其夫家、人民、田萊之數，及其六畜、車輦之稽。……

〔註21〕《周禮·天官》卷七，頁116。

凡造都邑，量其地，辨其物，而制其域。以歲時徵野之賦貢。」〔註22〕

天子之縣師掌此諸事，則諸侯之縣師亦當然。周蘇平以爲「縣師在縣大夫之下。」〔註23〕何大安以爲《周禮》與列國之縣師不同點在於一、《周禮》縣師爲上士，列國則下士；二、《周禮》縣師在畿，列國在邑。〔註24〕

縣師之官，僅於晉國一見。

（三）太子傅（師氏）

師者，或稱師、或稱傅；《周禮·地官》有〈師氏〉一職，「掌以媺詔王。以三德教國子：一曰至德，以爲道本；二曰敏德，以爲行本；三曰孝德，以知逆惡。教三行：一曰孝行，以親父母；二曰友行，以尊賢良；三曰順行，以事師長。」鄭注曰：「告王以善道也。〈文王世子〉曰：『師也者，教之以事，而諭諸德者也。』」〔註25〕

晉國對於太子之師稱之爲「傅」，並有大師、大傅之官。

1. 僖公四年：「大子奔新城，公殺其傅杜原款。」（卷十二，頁204）

杜原款者，太子之傅也。因太子受譖，是以及難。

2. 僖公九年：「初，獻公使荀息傅奚齊。」（卷十三，頁219）

荀息，奚齊之傅。

（四）大傅、大師

1. 文公六年：陽子，成季之屬也，故黨於趙氏，且謂趙盾能，曰：「使能，國之利也。」是以上之。宣子於是乎始爲國政。制事典，正法罪，辟獄刑，董逋逃，治舊洿，本秩禮，出滯淹，既成，以授太傅陽子與大師賈佗。（卷十九，頁313）

此處言明太傅與大師，然而，所論之職務卻非與師、傅有關者。而是當趙盾規劃好各項措施之後，「以授太傅陽子與大師賈佗」，這是否代表爲政者之下的一個權力位階，即是太傅和大師？吳永章以爲楚國之「大師」位極尊貴，而晉之大師賈佗，位在中軍元帥之上，可見其地位與楚大師相類。〔註26〕

〈正義〉曰：「孤尊於卿，法由在上，故宣子使法成，授二孤使行之。」

〔註22〕《周禮·地官》卷十三，頁204。
〔註23〕周蘇平〈春秋時期晉國的縣制〉頁13～14。收於《史學月刊》1986年第二期。
〔註24〕何大安〈春秋列國官名不見於周禮考〉頁8，收於中國東亞學術研究計畫委員會年報第十一期，民國61年8月。
〔註25〕《周禮·地官》卷十四，頁210。
〔註26〕吳永章〈楚官考〉頁166。收於《中華文史論叢》1982年第二期。

顧棟高曰：「晉置孤卿已僭，而有二孤，尤非禮也。」〔註27〕

2. 宣公十六年：三月，獻狄俘，晉侯請于王。戊申，以黻冕命士會將中
　軍，且爲大傅。於是晉國之盜逃奔于秦。（卷二十四，頁410）

〈正義〉曰：「晉之中軍之將，執政之上卿也。大傅，又尊於上卿，且加大傅，以襃顯之禮。……天子大傅，三公之官也。諸侯大傅，孤卿之官也。《周禮・典命》云：『公之孤，四命。』鄭眾云：『九命上公，得置孤卿一人。』春秋時，晉爲霸主，侯亦置孤卿。文六年《傳》有大傅陽子、大師賈佗，則晉嘗置二孤。」

然竹光添鴻則以爲：「悼公時士渥濁爲大傅，平公時叔向爲傅。二人非孤。楚大師潘崇、蔡大師子朝亦非孤。以師傅爲孤，臆說耳。呂祖謙曰：『晉之中軍帥秉國政，如後世兼將相者。』」〔註28〕

此即士會以中軍將兼掌大傅也，觀傳文下云：「晉國之盜逃奔于秦」，可見執政之嚴整也。楊伯峻曰：「大傅者，蓋晉主禮刑之官。」〔註29〕

3. 成公十八年：二月乙酉朔，晉悼公即位于朝。始命百官，……使士渥濁爲大傅，使修范武子之法。（卷二十八，頁486）

士渥濁者，士貞子也。范武子爲士會，此爲前世之能法者，故使後人遵之。〈正義〉曰：「范武子爲大傅，孤也；（士渥濁）是大夫，非孤卿也。」

4. 襄公十六年：十六年春，葬晉悼公。平公即位，羊舌肸爲傅。（卷三十三，頁572）

羊舌肸爲傅者，代士渥濁也。昭公五年《傳》，楚子稱叔向爲上大夫，則叔向乃以上大夫之銜爲大傅也。〈正義〉曰：「諸侯之有孤卿，猶天子之有三公，無人則闕，故隨其本官高下而兼攝之也。」楊伯峻曰：「太傅之官不常設，卿或大夫皆可爲之。」陽處父爲太傅，且能易中軍將，可見大傅職權之高。

5. 襄公三十年：於是魯使者在晉，歸以語諸大夫。季武子曰：「晉未可媮也。有趙孟以爲大夫，有伯瑕以爲佐，有史趙、師曠而咨度焉，有叔向、女齊以師保其君。其朝多君子，其庸可媮乎！勉事之而後可。」（卷四十，頁680）

叔向爲大傅，見襄公十六年；此時季武子猶引用之，可見此時仍任大傅

〔註27〕顧棟高《春秋大事表》卷十，頁595，景印文淵閣四庫全書。
〔註28〕見《左傳會箋》頁597，竹添光鴻著，天工書局印行，民國77年。
〔註29〕楊伯峻《春秋左傳注》頁768，源流出版社，民國71年。

之職；且必能善盡其職，故魯以晉不可踰也。至於女齊，〈晉語八〉云：「叔向見司馬侯之子，撫而泣之，曰：『自其父之死，吾蔑與比而事君矣。昔者，其父始之，我終之；我始之，夫子終之，無不可。』」〔註30〕則《傳》雖未記載女齊爲師保之職，但由季武子之語及〈晉語〉之記載，足證女齊曾任師保一職。

通觀晉國師、傅之職，其爵位並無固定之限制，故士會以王之命卿兼任大傅一職；而叔向則以上大夫之銜爲大傅也。

晉之所謂傅者，約可區分爲如下幾類職務。

（1）太子之傅：如荀息與杜原款。

（2）國君之傅：如羊舌肸，《傳》明言其爲「平公即位，羊舌肸爲傅」，且爲「師保其君」，則其職務較著重於輔佐國君之上。

（3）掌理國家大事之大傅：如宣子爲政之後，施行一系列法則，如制事典，正法罪，辟獄刑，董逋逃，治舊洿，本秩禮，出滯淹，既成，以授太傅陽子與大師賈佗。知太傅陽子與大師賈佗，亦掌管國家大事。又如，士會爲大傅之後，「於是晉國之盜逃奔于秦」，可見大傅不獨輔佐國君，同時也掌理國政；再者，士渥濁爲大傅後，晉悼公使修范武子之法。此類之大傅，則綜理國家之大事也。

（五）縣大夫、縣守（縣正）

縣正者，縣大夫也，亦即縣邑之長也。於晉或稱縣大夫、或直接於縣邑之下加大夫二字；亦有稱爲「守」者。

1. 僖公二十五年：趙衰爲原大夫，狐溱爲溫大夫。……晉侯問原守於寺人勃鞮，對曰：「昔趙衰以壺飧從，徑，餒而弗食。」故使處原。

（卷十六，頁263）

此於原、溫下，直接加大夫，是指一縣之長也。又印證以勃鞮之語，則縣大夫亦可稱「守」也。

《周禮·地官》有「縣正」之職，各掌「其縣之政令徵比，以頒田里，以分職事；掌其治訟，趨其稼事而賞罰之。若將用野民師、田、行、役、移執事，則帥而至，治其政令。」〔註31〕

〔註30〕《國語·晉語》卷十四，頁462。韋昭注，漢京文化事業有限公司出版，民國72年。

〔註31〕《周禮·地官》卷十五，頁237。

晉國在春秋時期諸國中是設縣比較早的國家之一，最早可以追溯到春秋早期，晉滅耿、霍、魏三國，「賜趙夙耿、賜畢萬魏，以爲大夫。」晉國管理縣的長官稱大夫，故耿、魏似可視爲晉國最早設置的縣。

2. 宣公十二年：逢大夫與其二子乘，謂其二子無顧。（卷二十三，頁 396）

3. 成公二年：（申公巫臣）遂奔晉，而因郤至，以臣於晉，晉人使爲邢大夫。（卷二十五，頁 429）

杜注：「邢，晉邑。」

4. 襄公二十七年：子鮮……遂出奔晉。公使止之，不可……止使者而盟於河。託於木門，不鄉衛國而坐。木門大夫勸之仕，不可。（卷三十八，頁 643）

杜注：「木門，晉邑。」顧棟高《春秋大事表》謂木門在直隸河間府城西北三里。〔註32〕

5. 襄公三十年：「晉悼夫人食輿人之城杞者，絳縣人或年長矣，無子而往。……趙孟問其縣大夫，則其屬也。」（卷四十六，頁 680～681）

6. 襄公三十年：羽頡出奔晉，爲任大夫。（卷四十，頁 683）

則縣邑亦有屬於卿之個人者。〈正義〉曰：「諸是守邑之長，公邑稱大夫；私邑則稱宰。……此言問其縣大夫，問絳縣大夫也。絳非趙武私邑，而云其屬者，蓋諸是公邑，國卿分掌之，而此邑屬趙武也。」《傳文》又曰：「以爲絳縣師」，明縣大夫與縣師爲不同之官職也。此縣大夫當等同於〈地官〉中之「縣正」。

7. 昭公二十八年：秋，晉韓宣子卒，魏獻子爲政，分祁氏之田以爲七縣，分羊舌氏之田以爲三縣。司馬彌牟爲鄔大夫，賈辛爲祁大夫，司馬烏爲平陵大夫，魏戊爲梗陽大夫，知徐吾爲塗水大夫，韓固爲馬首大夫，孟丙爲盂大夫，樂霄爲銅鞮大夫，趙朝爲平陽大夫，僚安爲楊氏大夫。（卷五十二，頁 912～913）

8. 哀公二年：鄭師北，獲溫大夫趙羅。（卷五十七，頁 996）

9. 哀公四年：（楚）右師軍于倉野，使謂陰地之命大夫士蔑曰：「晉楚有盟，好惡同之。」（卷五十七，頁 1000）

杜注：「命大夫，別縣監尹。」〈正義〉曰：「陰地者，河南山北，東西橫

〔註32〕顧棟高《春秋大事表》卷七之三，頁 469。景印文淵閣四庫全書第 179 冊，臺灣商務印書館印行。

－115－

長，其間非一邑也。若是典邑大夫，則當以邑冠之，乃言陰地之命大夫，則是特命大夫，使總監陰地，故以爲別縣監尹也。以其去國遙遠，別爲置監，楚官稱尹，故以尹言之。」

　　晉國之縣制，由上述《傳文》來看，其數量十分龐大。又如昭公五年《傳》載：「韓賦七邑，皆成縣也。羊舌四族，皆強家也。晉人若喪韓起、楊胖，五卿、八大夫輔韓須、楊石、因其十家九縣，長轂九百，其餘四十縣，遺守四千，奮其武怒，以報其大恥。」來看，則晉國當時至少有五十餘縣。周蘇平以爲：「晉縣之主要職能有以下幾方面。一、晉縣設有管理縣政的官吏，縣的長官稱爲縣大夫。其二：縣內發生民事糾紛，縣大夫有責任處理。其三：晉縣有爲國家提供軍賦的義務，同時還駐有一定數量的軍隊。其四：晉縣亦是國家征伐徭役的單位。」〔註33〕

　　春秋時期，設縣之國家以晉、楚最爲著名。

三、《周禮》春官之屬

（一）大　師

　　大師於《周禮》之中屬於〈春官〉，其員額有「下大夫二人」，其下並有「小師，上士四人。瞽矇，上瞽四十人，中瞽百人，下瞽百有六十人。視瞭，三百人。」其職文爲：「大師：掌六律、六同，以合陰陽之聲。……大祭祀：帥瞽登歌，令奏擊拊；下管，播樂器，令奏鼓。大饗，亦如之。大射，帥瞽而歌射節。大師，執同律以聽軍聲而詔吉凶。大喪，帥瞽而廞；作柩諡。凡國之瞽矇，正焉。」〔註34〕

　　晉國之大師，最著名者非師曠莫屬。師曠於襄公十四年首見，杜注：「師曠，晉樂大師子野。」然師曠首見並非以樂大師的身份出現，而係一博學通達的諮詢者姿態出場。

　　1. 襄公十四年：師曠侍於晉侯。晉侯曰：「衛人出其君，不亦甚乎？」對曰：「或者其君實甚。良君將賞善而刑淫，養民如子，蓋之如天，容之如地。……」（卷三十二，頁562）

　　師曠之出場姿態迥異他人，他以一個智慧者的角度出現，告誡了晉君關於一個爲人君者應該有的作爲，這般見識，大不似一個樂師，而是股肱之臣的樣

〔註33〕詳見周蘇平〈春秋時期晉國的縣制〉頁14。收於《史學月刊》1986年第二期。
〔註34〕分見《周禮・春官》卷十七，頁262及卷二十九，頁354〜357。

貌。所以，一直到昭公八年，所有有關他的記載，泰半是以一個解惑者的姿態。例如襄公十八年，以「鳥烏之聲樂」而研判齊師其遁；襄公二十六年以「臣不心競而力爭，不務德而爭善，私欲已侈」而論公室將卑；而更顯著的當是昭公八年，晉侯問師曠「石何故言？」師曠對曰：「石不能言，或馮焉。……今宮室崇侈，民力彫盡，怨讟並作，莫保其性，石言，不亦宜乎？」觀諸其所處理的各項問題，顯然更接近「史」的工作。所以季武子使晉後，回魯對諸大夫曰「晉未可婾也。」時，即以史趙、師曠並舉，以爲二子可供咨度焉。

（二）工（瞽）

《周禮》上以瞽矇連文，並謂其職掌爲：「掌播鞀、柷、敔、塤、簫、管、弦、歌。諷誦詩，世奠繫，鼓琴瑟。掌〈九德〉、六詩之歌，以役大師。」〔註35〕《左傳》中對於諷誦詩之樂工，並不以「瞽」稱之，而以「工」代表，然此「工」實爲大師之屬，並負責「諷誦詩」之職務，故本文之工，亦即《周禮》所謂之瞽也。

　　1. 襄公四年：穆叔如晉，報知武子之聘也。晉侯享之，金奏〈肆夏〉之三不拜。工歌〈文王〉之三，又不拜。歌〈鹿鳴〉之三，三拜。（卷二十九，頁 503）

杜注：「工，樂人也。」

　　2. 昭公九年：晉荀盈如齊逆女，還，六月，卒于戲陽。殯于絳，未葬。晉侯飲酒，樂。膳宰屠蒯趨入，請佐公使尊，許之。而遂酌以飲工，曰：『女爲君耳，將司聰也。辰在子卯，謂之疾日，君徹宴樂，學人舍業，爲疾故也。君之卿佐，是謂股肱，股肱或虧，何痛如之？女弗聞而樂，是不聰也。』」……公說，徹酒。（卷四十五，頁 780～781）

　　屠蒯藉著飲樂工酒，說出了樂工除演奏之外，另一個較爲崇高的使命，亦即負有勸諫國君的使命，此已都在原來的權責之外，不屬於職務範圍，而是道德方面的要求‧了！

　　工者，樂人也，職爲在外交場合或國君宴客之場合上誦《詩》，《左傳》中僅魯國與晉國有此相同之職務，皆歌詩也。

　　《左傳》中所提到之「工」，可分爲三種類型。

〔註35〕《周禮‧春官》卷二十三，頁 358。

（1）樂工：如前文所謂之「樂工」，專門負責歌誦詩篇或演奏樂器。

（2）工商之「工」：係純粹以體力從事勞動性質者。

（3）工尹之官：工尹之職爲管理百工，此官唯楚國有之。

（三）大　卜

1. 閔公元年：「卜偃曰：『畢萬之後必大。萬，盈數也；魏，大名也。以是始賞，天啓之矣，諸侯曰萬民。今名之大，以從盈數，其必有衆。』」（卷十一，頁 188）

杜注：「卜偃，晉掌卜大夫也。」《周禮》大卜以下大夫二人擔任，卜師以上士四人擔任，是以知卜偃爲大卜也。

卜偃之事蹟於《傳》中頗多記載，皆與預言有關，如僖公二年，預言「虢必亡矣」、僖公十四年，沙鹿崩，預言「晉年將有大咎，幾亡國。」皆憑藉其卜筮常識，以作預測也。僖公二十五年，晉侯對於勤王之事舉棋不定，此時卜偃先卜後筮，終於使晉侯下定勤王的決心。《傳》中關於卜偃的記載，一直到僖公三十二年，使大夫拜文公柩，以擊秦師，總計其在朝時間至少在三十四年以上。所論之事如虢將亡、晉幾亡國、使大夫擊秦師之類，皆攸關國家興亡之事，故知其職必不低也。

而從其既掌卜又掌筮之事可知，晉國之卜官亦兼筮法也。

（四）卜　人

晉國除了卜偃之外，尚有卜人。

1. 僖公四年：晉獻公欲以驪姬爲夫人，卜之，不吉；筮之，吉。公曰：「從筮。」卜人曰：「筮短龜長，不如從長。且其繇曰：『專之渝，攘公之羭。一薰一蕕，十年尚猶有臭。』必不可！」弗聽，立之。（卷十二，頁 203～204）

此先卜後筮，似乎同爲卜人所掌。另，昭公十一年，叔向向子產問君疾時，說：「寡君之疾病，卜人曰『實沈、臺駘爲祟』，史莫之知。」的記載，可見在大卜之下，另有其它的卜人。這與《周禮·春官》：所謂「大卜，下大夫二人；卜師，上士四人；卜人，中士八人」的記載相類似，只是無法確定其員額編制究竟爲何。

（五）筮　史（筮人）

1. 僖公十五年：「初，晉獻公筮嫁伯姬於秦，遇歸妹之睽。史蘇占之，曰：『不吉。』」（卷十四，頁 232）

杜注：「史蘇，晉卜筮之史。」此以筮法筮之，繼之由史官解答，則筮與史職權不分。成公十六年鄢陵之戰時，同樣是由晉厲公先筮，史官解之；哀公九年，晉趙鞅卜救鄭，隨後陽虎又以《周易》筮之。

2. 僖公二十八年：晉侯有疾，曹伯之豎侯獳貨筮史，使曰以曹爲解。（卷十六，頁 277）

此明言筮史也，且在晉侯有疾、未筮之前，可見當時有疾，必定會以筮法斷其吉凶，是以曹豎先行賄賂晉筮史也。

《周禮・春官》有簭人，其職爲：「掌三易以辨九簭之名，一曰「連山」，二曰「歸藏」，三曰「周易」。九簭之名，一曰巫更，二曰巫咸，三曰巫式，四曰巫目，五曰巫易，六曰巫比，七曰巫祠，八曰巫參，九曰巫環。以辨吉凶。凡國之大事，先簭而後卜。上春，相簭。凡國事，共簭。」鄭玄注曰：「此九巫讀，皆當爲筮字之誤也。」賈疏曰：「鄭破巫爲筮者，此筮人掌筮，不掌巫事，故從筮也。」〔註 36〕故知此「簭人」即「筮人」也。諸侯之國稱爲筮史，蓋名異實同也。

（六）大　史

1. 宣公二年：乙丑，趙穿殺靈公於桃園。宣子未出山而復。大史書曰：「趙盾弒其君」，以示於朝。（卷二十一，頁 365）

此大史，董狐也，是掌管記錄朝中大事的官員。昭公十五年，周王曾對籍談說：「及辛有之二子董之晉，於是乎有董史。」則董狐者，董史之後也。

2. 昭公二十九年：魏獻子問於蔡墨曰：「吾聞之，蟲莫知於龍，以其不生得也，謂之知，信乎？」對曰：「人實不知，非龍實知，古者畜龍，故有豢龍氏，御龍氏。」（卷五十三，頁 922）

蔡墨，杜注：「蔡墨，晉太史。」隨即在下文又稱蔡史墨，並曾預言范氏、中行氏其亡乎、爲趙簡子占夢、並預言越其有吳乎等事，則其雖亦稱太史，然則權責區分卻又與前文董狐所責不同。除史墨之外，見諸紀錄的尚有史趙。史趙所爲之事，亦大致與預言之類有關，如論「陳其遂亡乎！」（昭公十一年）、及「必爲魯郊」（昭公十一年）等等，故其職務性質類似史墨。然，襄公三十年，季武子歸而語諸魯大夫時，曾說：「（晉）有史趙、師曠而咨度焉」，則史趙殆亦博學多聞之士也。另，哀公九年，亦有史龜；晉趙鞅卜救鄭，遇水適

〔註 36〕《周禮・春官》卷二十四，頁 376。

火，占諸史趙、史墨、史龜是也。

3. 哀公二十四年：晉侯將伐齊，使來乞師。……臧石帥師會之，取廩
丘。……晉師乃還，饋臧石牛，大史謝之，曰：『以寡君之在行，
牢禮不度，敢展謝之。』」（卷六十，頁 1049～1050）

此大史所行之事與前述皆異，乃是慰勞友軍也，則大史亦隨軍行。

除了上述之大史之外，晉國尚有「左史」、「祭史」二類有關史官之職。

（七）左 史

1. 襄公十四年：（欒黶）乃歸，下軍從之。左史謂魏莊子曰：「不待中行
伯乎？」（卷三十二，頁 559）

杜注：「左史，晉大史也。」〔註37〕〈正義〉曰：「《周禮・春官》有太史、
小史、內史、外史、御史。凡五史而無左右之名。熊氏云：『太史記動作之事，
則太史為左也；內史記策命之事，則內史為右也。其官有闕，得交相攝代，
若春秋之時，則特置左右史官。』」「《禮記・玉藻》亦記載曰：「動則左史書
之；言則右史書之。」則以大史為左史；內史為右也。顧棟高及竹添光鴻皆
持相同看法。楊伯峻則以為「左史蓋隨軍記述之官」。

另，《晉書・職官志》曰：「著作郎，周左史之任也。」〔註38〕

「左史」之官，於十三經中，僅見於《禮記》與《左傳》。而於《左傳》
之中，於晉國一見；楚國二見。

（八）祭 史

1. 昭公十七年：晉荀吳帥師涉自棘津，使祭史先用牲于雒。」（卷四十八，
頁 838）

祭史之官，《左傳》中僅此一見，《周禮》中亦無。然由其以「史」為名，
且負責祭祀之事，知當也隸屬於〈春官〉之類屬。

（九）巾 車

1. 襄公三十一年：車馬有所，賓從有代，巾車脂轄，隸人、牧、圉各瞻
其事，百官之屬各展其物。（卷四十，頁 686～687）

巾車，杜注：「主車之官。」哀公三年，魯桓、僖災，子服景伯命「巾車

〔註37〕藝文印書館印行之十三經注疏本「大史」作「大夫」，阮元〈校勘記〉曰：「宋
本、岳本、足利本，『夫』作『史』。」

〔註38〕《晉書・職官志》卷二十四，頁 1327。唐・房玄齡、諸遂良等撰，上海古籍
出版社印行。

脂轄」，文句與此相同，知是同種職官，皆是掌管保養車輛，使車行順利也。
巾車之官，僅晉、魯有之。

四、《周禮》夏官之屬

（一）軍司馬

　　《周禮》軍司馬之職闕文，唯在序官部分有軍司馬，以下大夫四人擔任，
亞於小司馬。諸侯唯晉國有軍司馬，並分中軍與上軍司馬。

甲、中軍司馬

年　度	職　銜	人名	《　左　傳　》　記事	卷　數	頁　碼
僖二十八年	司　馬	？	城濮之戰，……祁瞞奸命，司馬殺之，以徇于諸侯，使茅筏代之。（顧棟高：此當是中軍司馬）	十　六	275
宣十二年	司　馬	韓厥	夏，晉師救鄭。荀林父將中軍，……韓厥爲司馬。……謂桓子曰：「……子爲元帥，師不用命，誰之罪也？」	二十三	389～392
成二年	司　馬	韓厥	郤克將中軍，……韓厥爲司馬。……及衛地，韓獻子將斬人，郤獻子馳，將救之。	二十五	423
成二年	司　馬	韓厥	司馬、司空、輿帥、候正、亞旅皆受一命之服。	二十五	427
成十八年	司　馬	魏絳	魏絳爲司馬，張老爲候奄。……籍偃爲（上軍）司馬。（始分中、上。〈晉語〉稱元司馬）	二十八	487
襄三年	中軍司馬	魏絳	晉侯之弟揚干亂行於曲梁，魏絳戮其僕。（詳見成公十八年傳）	二十九	502
襄三年	中軍司馬	張老	晉侯以魏絳爲能以刑佐民矣，反役，使佐新軍，張老爲中軍司馬。	二十九	502
襄四年	司　馬		晉侯享公，公請屬鄫。……孟獻子曰：「……鄫無賦于司馬。」	二十九	506
襄十六年	中軍司馬	張君臣	平公即位，羊舌肸爲傅，張君臣爲中軍司馬。	三十三	572
襄十八年	司　馬	？	晉人使司馬斥山澤之險，雖所不至，必斾而疏陳之。	三十三	577
襄二十九年	司　馬	女叔侯	晉侯使司馬女叔侯來治杞田，弗盡歸也。（魯之於晉也，……公卿大夫，相繼於朝，史不絕書，府無虛月。）	三十九	667
昭元年	司　馬	司馬侯	（秦）后子享晉侯，造舟于河，十里舍車，自雍及絳。……司馬侯問焉。	四十一	703～704
昭四年	司　馬	司馬侯	使椒舉如晉求諸侯。……晉侯欲勿許。司馬侯曰：「不可。」	四十二	726
昭十三年	攝司馬	羊舌鮒	羊舌鮒攝司馬，遂合諸侯于平丘。	四十六	809

《周禮・夏官》司馬之下尚有小司馬，中大夫二人；軍司馬，下大夫四人；輿司馬，上士八人，行司馬，中士十有六人，其職文缺。《左傳》所載之晉國司馬，因係軍事制度，頗類似〈夏官〉之軍司馬。晉之司馬姓名可考者有七位，其職掌及特性約可歸納如下幾點：

1. 晉原來單有中軍司馬，自成公十八年，始增加上軍司馬。

綜觀《左傳》所載晉國之司馬，自僖公二十八年城濮之戰時，三軍之中，首見司馬之名；且此時單稱司馬，未分中軍或上軍。自成公十八年之後，司馬始分中軍司馬與上軍司馬。《國語・晉語》：「知魏絳之勇而不亂也，使爲元司馬，……知籍偃之惇帥舊職而恭給也，使爲輿司馬。」韋昭注曰：「元司馬，中軍司馬……輿司馬，上軍司馬。」〔註39〕此以「元」、「輿」區分中軍與上軍之職，與軍尉相同。

2. 司馬之職以大夫爲之。

成公二年《傳》：「司馬、司空、輿帥、候正、亞旅皆受一命之服。」杜注：「晉司馬、司空皆大夫。」〈正義〉曰：「司馬、司空，本是卿官之名；但晉之諸卿，皆以三軍將佐爲號，其司馬、司空，皆爲大夫之官，仍有爲卿之嫌，故云：『晉司馬、司空，皆大夫也。明他國以爲卿，晉以爲大夫也。軍行有此大夫從者，司馬主甲兵，司空主營壘，輿師主兵車，候正主斥候，亞旅次於卿，是眾大夫也。』」何大安以爲軍司馬於大夫秩殆最尊，故魏絳以中軍司馬爲新軍之佐，孟獻子爲陽虎預容於晉，以爲必任中軍司馬是也。傳世璽有軍司馬，未詳何國。〔註40〕

3. 司馬職掌軍隊紀律。

軍隊行進與作戰，紀律最爲重要，故晉司馬專掌軍中之紀律。是以僖公二十八年，「……祁瞞奸命，司馬殺之」；成公二年：「韓厥爲司馬。……及衛地，韓獻子將斬人」；襄公三年：「晉侯之弟揚干亂行於曲梁，魏絳戮其僕」；此皆與軍隊紀律相關之事，故知司馬職掌軍行紀律，並有可以斬人、殺人之權力。

4. 晉司馬亦掌諸侯之賦

襄公四年：「孟獻子曰：『……鄫無賦于司馬。』」杜注：「晉司馬又掌諸侯之賦」；又，襄公二十九年：「晉侯使司馬女叔侯來治杞田」。

〔註39〕《國語》卷十三，頁435。韋昭注，漢京文化事業有限公司出版，民國72年。
〔註40〕何大安〈春秋列國官名不見於周禮考〉頁14，收於中國東亞學術研究計畫委員會年報第十一期，民國61年8月。

5. 晉司馬亦掌斥山澤之險

襄十八年：「晉人使司馬斥山澤之險。」此係於軍行之前掌偵測敵情之事，或是《周禮》所謂之「行司馬」也。

晉國另外尚有以「司馬」冠於名或字上稱呼者；如昭二十二年：「晉籍談、荀躒、賈辛、司馬督帥師軍于陰。」（卷五十，頁 875）昭二十八年：「晉祁勝與鄔臧通室。祁盈將執之，訪於司馬叔游。」（卷五十二，頁 911）哀十三年：「趙鞅呼司馬寅曰：「日旰矣，大事未成，二臣之罪也。」（卷五十九，頁 1028）此三人因職責未明確記載，難以認定其當時係任司馬之官？或只是承襲先人之職，以官名為氏耳？姑錄於此。

乙、上軍司馬

年　度	職　銜	人名	《　左　傳　》　記　事	卷　數	頁　碼
成十八年	上軍司馬	籍偃	鐸遏寇為上軍尉，籍偃為之司馬。使訓卒乘，親以聽命。	二十八	486
定十三年	上軍司馬	籍秦	夏六月，上軍司馬籍秦圍邯鄲。	五十六	981

〈晉語〉七云：「知籍偃之惇帥舊職而恭給也，使為輿司馬。」〔註41〕韋昭注曰：「輿司馬，上軍司馬也。」故上軍司馬又稱輿司馬也。輿司馬之職，據下文所述，知是「使訓卒乘，親以聽命。」即訓練步兵與車兵，使之步調一致也。上軍司馬之職，自成公十八年出現之後，直至定公十三年才又再見，知此職位階較低，沒有足夠之事可供記載也。

（二）候正、候奄、斥候（候人）

晉國類於候人之官，共有候正、候奄、斥候三種稱呼，皆於軍中任職。晉國之官制以軍制為主，各類職官，多與軍事有關，如此處之候正等亦同。《周禮·夏官》中有「候人」一職，職責為「各掌其方之道治與禁令；若有方治，則帥而致于朝，及歸，送之于竟」〔註42〕，則候人為道路迎送賓客之吏。然晉軍中之候正、候奄等官，則顯然將管轄範圍移植至軍中。杜預於「候正」下注曰：「主斥候。」則候正之官，蓋負責軍中偵探諜報之偵察兵也，候正或為偵察兵之長。茲將晉國候人類之官表列如下。

〔註41〕《國語》卷十三，頁 435。韋昭注，漢京文化事業有限公司出版，民國 72 年。
〔註42〕《周禮·夏官》卷三十，頁 460。

年　度	職　衛	人名	《　左　傳　》　記　事	卷　數	頁　碼
成公二年	候　正		司馬、司空、輿帥、候正、亞旅皆受一命之服。	二十五	427
成公十八年	候　奄	張　老	魏絳爲司馬，張老爲候奄。	二十八	487
襄公三年	候　奄	士　富	張老爲中軍司馬，士富爲候奄。	二十九	502
襄公十一年	斥　候		庚辰，赦鄭囚，皆禮而歸之；納斥候；禁侵掠。	三十一	546

〈晉語七〉云：「知張老之智而不詐也，使爲元候」，韋昭注曰：「元候，中軍候奄。」元者，大也，故以「元候」代表中軍候奄也。又由張老由候奄晉升爲中軍司馬一事來看，候奄之職僅次於軍司馬也。

（三）司　士

1. 成公十八年：荀賓爲右，司士屬焉，使訓勇力之士時使。（卷二十八，頁487）

杜注：「司士，軍右之官。」〈正義〉曰：「所訓勇力之士，皆謂爲車右者也。設令國有千乘，乘有一右，總使此官訓之。」

《周禮·夏官》有司右，「掌群右之政令。凡軍旅、會同，合其車之卒伍，而比其乘，屬其右。」則《左傳》所謂「荀賓爲右」之右，蓋相當於司右，掌群右之政令的總管性質也。然則以《周禮》觀之，司士以下大夫二人、中士六人、下士十有二人擔任；而司右不過是上士二人、下士四人，顯見《周禮》之中，司士之職高於司右。故此處之司士顯然與《周禮》所載之職同名而異實也。

（四）僕大夫（太僕）

1. 成公六年：晉人謀去故絳，諸大夫皆曰：「必居郇瑕氏之地沃饒而近鹽，國利君樂，不可失也。」韓獻子將新中軍，且爲僕大夫。公揖而入，獻子從公，立於寢庭。謂獻子曰：「何如？」（卷二十六，頁441）

杜預注「僕大夫」曰：「大僕也。」並於「寢庭」下注曰：「路寢之庭。」〈正義〉曰：「《禮·玉藻》云：『君日出而視之，退適路寢聽政。』知寢庭是路寢之庭也。沈氏云：『大僕職云：「王視燕朝，則正位掌擯相。」鄭注云：「燕朝，朝於路寢之庭。」』韓獻子既爲僕大夫，故知寢庭，路寢之庭也。」

《周禮·夏官》大僕之職，以下大夫二人擔任。職爲「掌正王之服位，

出入王之大命。掌諸侯之復逆。王視朝，則前正位而退，入亦如之。」〔註43〕

晉國稱之爲「僕大夫」，楚國則稱之爲「正僕人」，皆《周禮》所謂太僕之職也。

（五）小　臣

《周禮》小臣爲大僕之屬，以上士四人擔任，職階猶高於祭僕、御僕等。掌「王之小命，詔相王之小法儀，掌三公及孤卿之復逆，正王之燕服位。」小臣之職，晉國二見。

1. 僖公四年：太子祭于曲沃，歸胙于公。公田，姬寘諸宮六日，公至，毒毒而獻之。公祭之地，地墳；與犬，犬斃；與小臣，小臣亦斃。（卷十二，頁204）

楊伯峻於注曰：「小臣爲官名，……，甲文、金文多有之。成十年《傳》亦有小臣，大致皆爲王左右之近侍臣。以甲文、金文觀之，其地位甚高；然就《左傳》論之，則不過侍御之閹人而已。」〔註44〕

2. 成公十年：（晉景公）如廁，陷而卒。小臣有晨夢負公以登天，及日中，負晉侯出諸廁，遂以爲殉。（卷二十六，頁450）

此與僖公四年出現之小臣，雖場合不同，然皆參與生死之事。《國語・晉語二》記載驪姬之事，曰：「公至，召申生獻，公祭之地，地墳。申生恐而出。驪姬與犬肉，犬斃；飲小臣酒，亦斃。」韋昭於此注曰：「小臣，官名，掌陰事陰命，閹士也。」〔註45〕所謂「陰事陰命」，生死之事也；故驪姬宮內之小臣，成爲驪姬試驗酒肉毒性的試驗品；景公時之小臣，則用以爲景公之殉，則「小臣掌陰事陰命」者也，非虛言也。

另從金文上看，小臣此一職官的位階因時代之差異，尊卑地位有非常顯著之不同。張亞初、劉雨說：

小臣的身份地位並不低，金文中所說的，"伊小臣爲輔"告訴我們，成湯的重臣伊尹其官職也是小臣，卜辭常稱他是尹，所以有的學者指出「臣或小臣在殷代是一較高的官名。」有的學者更明確地說：「小臣就是大臣。」這種說法在一定意義上講，也並不爲過。但這並不

〔註43〕《周禮・夏官》卷三十一，頁475～476。
〔註44〕楊伯峻《春秋左傳注》頁297，源流出版社，民國71年。
〔註45〕《國語・晉語》頁289～290，韋昭注，漢京文化事業有限公司出版，民國72年。

是說商代的小臣都是地位極高的大臣，馬小臣不過相當于後世的司馬。小藉臣不過相當于後世的藉人，此外王宮之內還有女官之小臣，這些小臣與伊尹的地位比恐怕是要略遜一籌的。所以說，對商代的小臣不可一概而論。

……總的來說，小臣在西周早中期與西周晚期的政治生活中所起的作用，可能有逐漸下降的趨勢，在春秋時期的銘文中，我們就僅見魯內小臣尿生鼎一條材料了！……據《周禮·夏官》序官講：「小臣上士四人」，小臣之職文講……以上所記載的小臣的地位和職掌，大多與西周銘文不合，只有「掌王之小命」「掌三公及孤卿之復逆」等幾句還有點相貫通的地方，其餘則難以置信。《周禮》所反映的職官恐怕主要是東周的情況。〔註46〕

從《左傳》所載的小臣來看，其地位確是較為卑微，僅是君王身旁服侍的貼身小臣罷了！

（六）僕　人（御僕）

1. 僖公二十四年：初，晉侯之豎頭須，守藏者也。其出也，竊藏以逃，盡用以求納之。及入，求見。公辭焉以沐。謂僕人曰：「沐則心覆，心覆則圖反，宜吾不得見也。……」僕人以告，公遽見之。（卷十五，頁 254）

此僕人者，負責傳達內外之消息。

2. 襄公三年：「晉侯之弟揚干亂行於曲梁，魏絳戮其僕。晉侯怒，謂羊舌赤曰：「……必殺魏絳，無失也！……」言終，魏絳至，授僕人書，將伏劍。士魴、張老止之。公讀其書，曰：「日君乏使，使臣斯司馬。……臣之罪重，請歸死於司寇！」（卷二十九，頁 502）

《周禮·夏官·太僕》下有御僕，「掌王之燕令」，亦即國君燕居時各項命令之傳遞；於此簡稱為「僕人」，故此二則《傳》文之僕人，皆掌理王宮內外訊息之傳遞。

（七）御戎、為右（戎右、戎僕）

晉國之職官制度以軍政合一著名，是以其軍中職務遠較他國為多。各種大小戰役，除了指揮領導作戰的將佐之外，駕馭戰車的御者、侍立於旁的戎

〔註46〕張亞初、劉雨《西周金文官制研究》頁 44～45，北京中華書局印行。

右，亦是相當重要的一環，是以在敘述各個大小戰役之時，除了載明三軍將佐之外，對於將佐們的御者及戎右，《左傳》也有詳細的記載。晉國首見之相關資料為桓公三年之「曲沃武公伐翼，次于陘庭，韓萬御戎，梁弘為右。」杜預注曰：「御，戎僕也；右，戎車之右。」又，文公七年〈正義〉曰：「諸言御戎、為右，皆是君之御右。」則御戎相當於《周禮》之戎僕；戎右如《周禮》之司右也。以下即以表格方式呈現晉國戎僕、戎右的資料。

年　度	人　名	《　左　傳　》　記事	卷　數	頁碼
桓三年	韓　萬 梁　弘	曲沃武公伐翼，次于陘庭，韓萬御戎，梁弘為右。	六	103
閔元年	趙　夙 畢　萬	趙夙御戎，畢萬為右。還，為大子城曲沃，賜趙夙耿，賜畢萬魏，以為大夫。	十一	188
閔二年	狐　突 先　友	使太子伐東山皋落氏，狐突御戎，先友為右。梁餘子養御罕夷，先丹木為右。	十一	192
僖十五年	步　揚 家僕徒	卜右，慶鄭吉，弗使。步揚御戎，家僕徒為右。	十四	230
僖二十七年	荀林父 魏　犫	荀林父御戎，魏犫為右。	十六	267
僖二十八年	舟之僑	城濮之戰，舟之僑為戎右，師還，舟之僑先歸，士會攝右。	十六	275
僖三十三年	梁　弘 萊　駒 狼　瞫	戰于殽也，晉梁弘御戎，萊駒為右。戰之明日，襄公縛秦囚，使萊駒以戈斬之。囚呼萊駒失戈，狼瞫取戈以斬囚，禽之以從公乘，遂以為右。	十八	301
文二年	王官無地 狐鞫居	王官無地御戎，狐鞫居為右。（彭衙之戰）	十八	301
文七年	步　招 戎　津	步招御戎，戎津為右。（敗秦師于令狐）	十九	317
文十二年	范無恤	范無恤御戎，以從秦師于河曲。	十九	331
成十三年	郤　毅 欒　鍼	郤毅御戎，欒鍼為右。（與秦師戰于麻隧）	二十七	463
成十六年	步　毅 欒　鍼	鄢陵之戰，步毅御晉厲公，欒鍼為右。	二十八	476
成十八年	弁　糾 荀　賓	弁糾御戎，校正屬焉，使訓諸御知義。荀賓為右，司士屬焉，使訓勇力之士時使。	二十八	486

文公七年〈正義〉曰：「諸言御戎、爲右，皆是君之御右。」以《傳》文核之，此言不虛；少數爲軍將御者之卿御，則言「御」，而不言「御戎」。如哀公二年之「郵無恤御簡子，衛大子爲右。」即不言「御戎」。

顧棟高於《春秋大事表》卷十對於公御及卿御有如下的說明：

> 桓三年〈正義〉曰：「《周禮・戎右》掌戎車之兵革使，故知右是戎車之右。」今按：御右二者，異職而共事，故合著之。又卿御，〈正義〉謂如梁餘子養御罕夷，解張御郤克之類。今按：梁由靡始御里克，復御韓簡，是亦卿御也。春秋時多公自將軍，故有公御，有卿御。然晉三軍將佐，固當各有御右。如鄢陵之戰，韓厥從鄭伯，其御杜溷羅曰：「速從之。」郤至從鄭伯，其右茀翰胡曰：「諜輅之，余從之乘而俘以下。」厥是下軍之將，至是新軍之佐。宣二年《傳》，晉侯伏甲，將攻趙盾，其右提彌明知之，是有卿御，即當復有卿右也。

以此知國君有御戎及車右，三軍將佐當亦有之。

御戎的技術好壞，關係著戰事的勝敗，是以如閔公元年，以太子率軍，滅耿、滅霍、滅魏之後，即賜趙夙（御戎）耿，賜畢萬（爲右）魏，以爲大夫。又如僖公十五年，韓原之戰，晉惠公以步揚御戎，家僕徒爲右，結果「濘而止」，使得惠公爲秦所獲。

另外，軍事場上，職責所在，須各自嚴守。成公十六年，鄢陵之戰時，晉厲公陷於淖，欒書將載晉侯。鍼曰：「書退！國有大任，焉得專之？且侵官，冒也；失官，慢也；離局，姦也。有三罪焉，不可犯也。」乃掀公以出於淖。（卷二十八，頁476）欒書此時將中軍，雖見國君危急，欲援救之，但其子卻以職責所在，不得侵犯，而喝退之。足見戰場之上，個人必需確實遵守各職的責任所在，不得越俎代庖。

至於不作戰的時候，原本御戎之官，則有另外的職務。成公十八年，《傳》載：「弁糾御戎，校正屬焉，使訓諸御知義。荀賓爲右，司士屬焉，使訓勇力之士時使。」知「御戎」是諸御之長，平日有訓導屬下崇尚節義之任務。〈正義〉曰：「《周禮・大御》，御官之長也。別有戎僕，掌御戎車。春秋征伐之世，以御戎爲重，此御戎當是御之尊者。」

戎右之官，亦有統領之長，是以荀賓爲右，使訓勇力之士時使，亦即訓練勇力之士，使其皆能共時之使，不致違令也。

戎右、戎僕之官，魯、鄭、衛、晉、楚、隨皆有。

（八）校　正

1. 成公十八年：弁糾御戎，校正屬焉，使訓諸御知義。（卷二十八，頁487）

杜注：「校正，屬馬官也。」《周禮·夏官》有「校人」一職，「掌王馬之政。」知二者掌管之事務均與「馬」相關也。故襄公九年，宋災之時，「皇鄖命校正出馬」，知校正是主馬之官也。

《左傳》中魯、晉、宋皆有此官，唯魯稱校人，晉、宋稱校正，然皆主馬之官也。

（九）圉　人

1. 襄公三十一年：車馬有所，賓從有代，巾車脂轄，隸人、牧、圉各瞻其事，百官之屬各展其物。（卷四十，頁687）

昭七年《傳》「馬有圉」，圉即《周禮·夏官》之「圉人」，掌養馬芻牧之事，以役圉師。

圉人之官，魯、齊、楚皆有見諸記載。

五、《周禮》秋官之屬

（一）司　寇

1. 襄公三年：晉侯之弟揚干亂行於曲梁，魏絳戮其僕。晉侯怒，謂羊舌赤曰：「……必殺魏絳，無失也！……」言終，魏絳至，授僕人書，將伏劍。士魴、張老止之。公讀其書，曰：「日君乏使，使臣斯司馬。……臣之罪重，請歸死於司寇！（卷二十九，頁502）

杜注：「致尸於司寇使戮之。」司寇，國之司法官，故魏絳曰請歸死於司寇。

晉國司寇之官僅此一見，或是因為軍政合一，軍中自有司馬、軍尉等掌賞罰之官員，是以在平常之行政系統中，司寇之官，即較少出現。

司寇之官，在當時各國多有設置，如周王朝、宋、魯、齊、鄭、衛皆有，至於楚、唐，則稱為司敗，文公十年：（子西）懼讒言，辭曰：「臣歸死於司敗也。」（卷十九，頁322）其文法相同，可見在當時，司寇與司敗在官職上的效用是相同的。

（二）司　隸

1. 襄公二十三年：初，斐豹，隸也，著於丹書。欒氏之力臣曰督戎，國

人懼之。斐豹謂宣子曰：「苟焚丹書，我殺督戎。」宣子喜，曰：
「而殺之，所不請於君焚丹書者，有如日！」（卷三十五，頁 603）

此斐豹因爲奴隸之類，故記載在丹書之上，因此他要求以殺督戎換取焚
燒丹書。依此觀之，晉國之內必有專門管理奴隸的職司，方能處理類似管理
與登錄的工作。《周禮‧秋官》有司隸一職，以中士二人、下士十二人擔任。
其職爲「掌五隸之法，辨其物而掌其政令。帥其民而搏盜賊，役國中之辱事，
爲百官積任器，凡囚執人之事。邦有祭祀、賓客、喪紀之事，則役其煩辱之
事。掌帥四翟之隸，使之皆服其邦之服，執其邦之兵，守王宮與野舍之厲禁。」
〔註47〕司隸之下，有蠻隸百有二十人、閩隸百有二十人、夷隸百有二十人，
蓋司隸爲其長也。

2. 襄公三十一年：諸侯賓至，甸設庭燎，僕人巡宮。車馬有所，賓從有
   代，巾車脂轄，隸人、牧、圉各瞻其事，百官之屬各展其物。（卷
   四十，頁 686～687）

此隸人各瞻其事者，負責各項雜事也。亦即《周禮》所謂「邦有祭祀、
賓客、喪紀之事，則役其煩辱之事」也。

類此司隸之職，僅見於晉國。

（三）行　人

1. 成公十六年：欒鍼見子重之旌，請曰：「……今兩國治戎，行人不使，
   不可謂整；臨事而食言，不可謂暇，請攝飲焉。」公許之，使行
   人執榼承飲，造于子重。（卷二十八，頁 477）

2. 襄公四年：穆叔如晉，報知武子之聘也。……韓獻子使行人子員問之，
   曰：「子以君命辱於敝邑，先君之禮，藉之以樂，以辱吾子。吾子
   舍其大，而重拜其細，敢問何禮也？」（卷二十九，頁 503～504）

杜注：「行人，通使之官。」〈正義〉曰：「《周禮‧大行人》：「掌大賓之
禮，大客之儀。小行人掌使適四方，協賓客之禮，諸侯行人當亦通掌此事，
故爲通使之官也。」

3. 襄公八年：（鄭）乃及楚平，使王子伯騈告于晉，曰：「……民知窮困，
   而受盟于楚，孤也與其二三臣不能禁止，不敢不告。」知武子使
   行人子員對之曰：「君有楚命，亦不使一个行李告于寡君，而即安

〔註47〕《周禮‧秋官》卷三十六，頁 546。十三經注疏本，藝文印書館印行。

－130－

于楚。君之所欲也，誰敢違君？寡君將帥諸侯以見于城下。」（卷三十，頁 521～522）

4. 襄公二十六年：秦伯之弟鍼如晉修成。叔向命召行人子員。行人子朱曰：「朱也當御。」三云，叔向不應。子朱怒，曰：「班爵同，何以黜朱於朝？」撫劍從之。叔向曰：「秦、晉不和久矣。今日之事，幸而集，晉國賴之，不集，三軍暴骨。子員道二國之言無私，子常易之。姦以事君者，吾所能御也。」拂衣從之，人救之。（卷三十七，頁 629）

〈正義〉曰：「言當進待君，受君命也。行人非一遞進御，此日次朱當御，次而不使，是黜之也。」

《周禮‧大行人》有中大夫二人；小行人有下大夫四人。知此官職並非以一人當之，而係輪流當值。

行人之職有專官亦有兼官；如上所述皆為專官；至於兼官者，如隨季是也。

宣公十二年：楚少宰如晉師，曰：「寡君少遭閔凶，不能文。……」隨季對曰：「……今鄭不率，寡君使群臣問諸鄭，豈敢辱候人？敢拜君命之賜。」彘子以為諂，使趙括從而更之，曰：「行人失辭。寡君使群臣遷大國之迹於鄭，曰：『無辟敵！』群臣無所逃命。」（卷二十三，頁 394）

楊伯峻曰：「行人之官，有專官，如行人子員、行人子朱；亦有兼官，見于經者六，襄十一年、十八年、昭八年、二十三年、定六年、七年是也。並以被執見書，乃一時奉使，故書以行人，其在本國皆另有本職，行人乃其臨時兼職。此行人指隨季，其本職為上軍帥，臨時接待楚少宰，與之應對，故以行人稱之。」〔註48〕

行人之官，負責國際之間的往來聘問，故各國多有設立。如巴、魯、秦、吳、周朝、鄭、衛、陳、宋皆有行人之官見諸《傳文》。

六、《周禮》冬官之屬

（一）司　空

〔註48〕楊伯峻《春秋左傳注》頁 734，源流出版社，民國 71 年。

晉之官職與他國有異，自文公以後，世爲盟主，征伐諸國，卿以軍將爲名，故司空已非卿官。成公二年：「公會晉師於上鄩，賜三帥先路三命之服；司馬、司空、輿帥、候正、亞旅皆受一命之服。」（卷二十五，頁 427）由三命與一命之區別，已知司馬、司空之官位，不如三命之受重用矣。

又，襄公十九年，「公享晉六卿于蒲圃，賜之三命之服；軍尉、司馬、司空、輿尉、候奄皆受一命之服。」（卷三十四，頁 584）可知司馬、司空之爵位，只適宜受一命之服。

然而，軍中之職卻屢有更動。成公二年，受賜的是司馬、司空、輿帥、候正、亞旅；而襄公十九年受賜的卻是軍尉、司馬、司空、輿尉、候奄。除司馬、司空名稱相同之外，其它，輿帥改爲輿尉；候正改爲候奄；亞旅則改由軍尉取代。

所以，襄公十三年，《傳》記載「新軍無帥，晉侯難其人，使其什吏率其卒乘官屬，以從於下軍，禮也。」（卷三十二，頁 555）《會箋》於此注曰：「古十、什通作，《孟子》『或相什百』可以證焉。今四軍而四十吏，每軍合二五而稱十吏耳。」〔註49〕楊伯峻則註曰：「此什吏之吏，即五吏之吏。五吏者，軍尉、司馬、司空、輿尉、候奄也。每軍皆有此五吏，五吏又各有佐（副手），故此云十吏。」〔註50〕此之所以知五吏之屬者，即據襄公十九年之傳文而言。以下，即以《傳》中所見有關司空之職掌做一說明。

1. 莊公二十六年：春，晉士蒍爲大司空。夏，士蒍城絳，以深其宮。（卷十，頁 175）

杜注：「大司空，卿官。」〈正義〉曰：「《傳》於比年以來，說士蒍爲獻公設計，盟國以安。今又言大司空，明任以卿位也。直言司空者，是大夫即司空、亞旅皆受一命之服是也。晉自文公以後，世爲盟主，征伐諸國，卿以軍將爲名，司空非復卿官。故文二年，司空士縠非卿也。雖則非卿，職掌不異，成十八年《傳》曰：「右行辛爲司空，使修士蒍之法。」是其典事相同也。

〈正義〉辨明「司空」之職非卿，但並未明言其所掌之事爲何。一般皆以司空掌管百工之事，並與司徒、司馬、司士、司寇並列爲五官；〔註51〕然

〔註49〕《左傳會箋》第十五，頁 1064。竹添光鴻著，天工書局印行，民國77年。
〔註50〕《春秋左傳注》頁 999，源流出版社，民國71年。
〔註51〕郭沫若《中國史稿》、白壽彝《中國通史綱要》。轉引自沈長雲〈談古官司空之職——兼說《考工記》的內容及作成時代〉，收於《中華文史論叢》1983年第三期。

以此《傳》文而觀，則並非如此。

沈長雲在〈談古官司空之職——兼說《考工記》的內容及作成時代〉一文中說：

> 徵諸文獻，凡先秦及漢初古籍，多言司空主土，不言其主百工。《禮記‧王制》：「司空執度度地，居民山川沮澤，時四時，量地遠近，興事任力。」《大戴禮記‧千乘篇》：「司空司冬，以制度制地事。」這兩處說，司空拿著度丈量地之遠近。其所興之事，所任之力，當然都關乎土地事宜。《尚書‧堯典》：「伯禹作司空。帝曰：『俞，咨禹，汝平水土，惟時懋哉。』」大禹作舜的司空，所主之事為「平水土」，故《詩經》屢言各地高山大川，「惟禹甸之」。……《左傳》定公四年：「聃季授土，陶叔授民」這是敘說周初分封之事。左氏在同一年並記：「武王之母弟八人，周公為太宰，康叔為司寇，聃季為司空。」授土的聃季為司空，亦證司空之職主土。……類似的例子還可以舉出一些，這些文獻眾口一辭，都說司空主土，絕不言司空管理百工。記載司空管理百工的文字，在真正屬於先秦的古文獻中，似乎一條也難找到。〔註52〕

從士蒍築城的例子來看，沈長雲之言的確不虛。

2. 文公二年：六月，穆伯會諸侯及晉司空士穀盟於垂隴。晉討衛故也。書「士穀」，堪其事也。（卷十八，頁302）

杜注：「晉司空非卿也，以士穀能堪卿事，故書。」〈正義〉曰：「《傳》舉司空之官，云堪其事，乃書之；明本不當書，故知非卿也。成二年《傳》稱魯賜晉三帥三命之服，司空亞旅皆受一命之服，是其知司空非卿之文也。」

3. 成公二年：公會晉師於上鄍，賜三帥先路三命之服；司馬、司空、輿帥、候正、亞旅皆受一命之服。（卷二十五，頁427）

杜注：「晉司馬、司空皆大夫。」〈正義〉所言，參見本論文〈司馬〉一節。

4. 成公十八年：二月乙酉，晉悼公即位于朝。始命百官。……右行辛為司空，使修士蒍之法。（卷二十八，頁486）

〔註52〕沈長雲〈談古官司空之職——兼說《考工記》的內容及作成時代〉頁209～210，收於《中華文史論叢》1983年第三期。

〈晉語七〉云:「知右行辛之能以數宣物定功也,使爲元司空。」〔註53〕此言「使修士蒍之法,知是掌管與士蒍相同之事,亦即與築城相關也。

    5. 襄公三十一年:僑聞文公之爲盟主也,宮室卑庳,無觀臺榭,以崇大諸侯之館,館如公寢。司空以時平易道路,圬人以時塓館宮室。(卷四十,頁 686～687)

由此似可見出,司空有軍事時,隨軍處理土木相關事宜,故可以與有軍功而受賞;平日則在國內處理相關土木之事,故士蒍城絳,右行辛爲司空,修士蒍之法也。而子產之語,則點出平常無軍事之時,司空則需負責修整道路等相關事宜。

司空之官,除晉國之外,其餘如魯國、鄭國、郯子所敍之少皞氏以鳥名官及武王分封母弟時,皆有此職。

(二)匠

    1. 成公十七年:公遊於匠麗氏。(卷二十八,頁 484)

杜注:「匠麗,嬖大夫家。」《會箋》則有更進一步的說明:「諸匠多以匠冠名,如匠慶之類。此蓋氏匠而名麗者。」〔註54〕

《周禮・考工記》有〈匠人〉一職,詳見魯國職官部分。《左傳》中,僅有魯、晉、衛各一見。

七、家臣之類

晉國之家臣類職官,較少見諸於《傳》。所見者僅有欒氏之宰與范氏之臣。

(一)家 老

    1. 襄公二十一年:桓子卒,欒祁與其老州賓通,幾亡室矣。(卷三十四,頁 591)

此言老者,室老也。亦即大夫家臣之之長。

(二)縣 宰

    1. 哀公五年:初,范氏之臣王生惡張柳朔,言諸昭子,使爲柏人。(卷五十七,頁 1000)

此單言臣,而未及官職:然從王生可向昭子推薦人才,足知其在家臣當

〔註53〕《國語・晉語》頁 434,韋注:「司空掌邦事,謂建都邑、起宮室、經封洫之屬。」漢京文化事業有限公司出版,民國 72 年。
〔註54〕《左傳會箋》第十三,頁 942。竹添光鴻著,天工書局印行,民國 77 年。

中，地位亦不低也。又，柏人者，杜注：「爲柏人宰也。」則柏是范氏之私邑，故可自行委派縣宰也。

（三）祝史、祝宗

1. 襄公二十七年：子木問於趙孟曰：「范武子之德如何？」對曰：「夫子之家事治，言於晉國無隱情，其祝史陳信於鬼神無愧辭。」（卷三十八，頁647）

杜注：「祝陳馨香，德足副之，故不愧。」則此祝史是卿大夫家之祝史也。

2. 成公十七年：昔范文子反自鄢陵，使其祝宗祈死。（卷二十八，頁482）

杜注：「祝宗，主祭祀祈禱者。」襄公二十七年曰：「祝史」，此曰：「祝宗」，故楊伯峻曰：「祝宗疑是祝史之長，卿大夫之家有祝史，亦有祝宗。」

昭公二十五年，魯昭子亦使其祝宗祈死。

（四）側　室

晉國除一般官制較爲特別之外，即連卿大夫家之家臣，亦有迥異他國之處。如其在卿大夫家置側室，便是極爲特殊的一點。

1. 桓公二年：師服曰：「吾聞國家之立也，本大而末小，是以能固。故天子建國，諸侯立家，卿置側室，大夫有貳宗。」（卷五，頁97）

杜注：「側室，眾子也，得立此一官。」〈正義〉曰：「《禮記·文王世子》云：『公若有出疆之政，庶子守公宮，正室守太廟。』鄭玄云：『正室，適子也。』正室是適子，故知側室是眾子也。文十二年《傳》曰：『趙有側室曰穿』，是卿得立此官也。卿之家臣其數多矣，獨言立此一官者，其餘諸官事連於國，臨時選用異姓，皆得爲之，其側室一官，必用同族，是卿蔭所及，唯知宗事，故特言之。」

2. 文公十二年：趙有側室曰穿，晉君之婿也，有寵而弱，不在軍事，好勇而狂。……宣子曰：「秦獲穿也，獲一卿矣，秦以勝歸，我何以報？」（卷十九，頁331）

杜注：「側室，支子。」此段顯示出幾段訊息，即一、側室之爵位爲卿；又側室雖爲卿之家臣，有軍事之時，亦隨軍出征。

3. 襄公十四年：師曠侍於晉侯，晉侯曰：「衛人出其君，不亦甚乎？」對曰：「……是故天子有公，諸侯有卿，卿置側室，大夫有貳宗，士有朋友，庶人、工、商、皁、隸、牧、圉皆有親暱，以相輔佐也。」（卷三十二，頁562）

杜注：「側室，支子之官。」

楊伯峻綜合〈杜注〉曰：「《左傳》凡三用側室一詞。……以側室爲官名；……側室，支子；則又一義也。……趙盾爲晉國正卿，趙穿爲趙夙庶孫，於趙盾爲從父兄弟，則被立爲側室者，不必親子弟，選其宗之庶者而爲之即可矣。此左氏側室之義也。」〔註55〕

八、中軍之屬

中軍爲三軍之首，春秋列國中，周、楚、魯、齊、鄭皆有中軍見諸記載。然其中以晉國之軍制最爲著名。

（一）中軍將

序號	年度	職銜	《左傳》記事	備註	頁碼
1	僖二十七年	郤縠	於是乎蒐于被廬，作三軍，謀元帥。……乃使郤縠將中軍，郤溱佐之。	中軍將亦稱元帥	267
2	僖二十八年	原軫	二月，晉郤縠卒，原軫將中軍，胥臣佐下軍，上德也。		270
3	僖三十三年	先且居	（原軫免胄入狄師，死焉。）襄公以三命命先且居將中軍，以再命命先茅之縣賞胥臣。	以父死敵，故進之	290
	文二年	先且居	二年春，秦孟明視帥師伐晉，以報殽之役。二月，晉侯禦之，先且居將中軍，趙衰佐之。	中軍將	301
4	文六年	狐射姑	（文公五年：晉趙成子、欒貞子、霍伯、臼季皆卒。杜注：「霍伯，先且居，中軍帥也。」）六年春，晉蒐于夷，舍二軍。使狐射姑將中軍，趙盾佐之。	陽處父黨趙氏，換之。	313
5	文六年	趙宣子	陽處父至自溫，改蒐于董，易中軍。陽子，成季之屬也，故黨於趙氏，且謂趙盾能。	始爲國政	313
	文七年	趙盾	宣子與諸大夫皆患穆嬴，且畏偪，乃背先蔑而立靈公，以禦秦師。箕鄭居守，趙盾將中軍，先克佐之。	中軍將	317
	文十二年	趙盾	秦伯伐晉，取羈馬。晉人禦之。趙盾將中軍，荀林父佐之。	中軍將	330
6	宣元年	趙宣子	於是晉侯侈，趙宣子爲政，驟諫而不入。二年仍有記載。（未言盾如何去職）	爲政	362
7	宣八年	郤缺	郤缺爲政，秋廢胥克，使趙朔佐下軍。（九年仍帥師救鄭）	爲政	379

〔註55〕楊伯峻《春秋左傳注》頁94，源流出版社，民國71年。

8	宣十二年	荀林父	夏六月，晉師救鄭。荀林父將中軍，先縠佐之。	中軍將	389
9	宣十六年	士　會	晉侯請于王，戊申，以黻冕命士會將中軍，且爲大傅。	中軍將（且爲大傅）	410
	宣十七年	郤獻子	（范文子）請老，郤獻子爲政。	爲政	412
10	成二年	郤　克	郤克將中軍，士燮佐上軍。欒書將下軍，韓厥爲司馬，以救魯、衛。		422
	成四年	欒　書	晉欒書將中軍，荀首佐之，士燮佐上軍，以救許伐鄭。		439
	成六年	欒武子	或謂欒武子曰：「……子爲大政，將酌於民者也。」	大政	442
	成十三年	欒　書	晉欒書將中軍，荀庚佐之。	中軍將	463
	成十六年	欒　書	欒書將中軍，士燮佐之。	中軍將	473
11	成十八年	韓獻子	宋華元如晉告急，韓獻子爲政。（杜注：「於是欒書卒。」）（未言將中軍）	爲政	489
12	襄九年	知　罃	（襄公七年：冬，十月，晉韓獻子告老……遂老。）韓厥老矣，知罃稟焉以爲政。	爲政	527
13	襄十三年	荀　偃	荀罃、士魴卒，晉侯蒐于綿上以治兵。使士匄將中軍，辭曰：「伯游長。昔臣習於知伯，是以佐之，非賢能也。請從伯游。」荀偃將中軍，士匄佐之。	將中軍	554
	襄十八年	荀　偃	荀偃、士匄以中軍克京茲。		578
14	襄十九年	范宣子	（襄十九年：荀偃瘅疽，生瘍於頭。……卒。）季武子如晉拜師，晉侯享之。范宣子爲政，賦〈黍苗〉。		584 585
15	襄二十五年	趙文子／趙孟	趙文子爲政，令薄諸侯之幣。（襄二十六年：於是范宣子卒，諸侯弗能治也。……及趙文子爲政。）	爲政，未言中軍將	621
16	昭二年	韓宣子	（襄三十一年：及趙文子卒，晉公室卑，政在侈家。韓宣子爲政。……昭公元年：趙孟適南陽，……庚戌，卒。）晉侯使韓宣子來聘，且告爲政。	爲政，未言中軍將	718
17	昭二十八年	魏獻子	秋，晉韓宣子卒，魏獻子爲政。	爲政，未言中軍將	912
18	定元年	范獻子	（魏獻子屬役於韓簡子及原壽過，……還，卒於甯。）晉之從政者新。（杜注：「范獻子新爲政」）	爲政，未言中軍將	940

　　晉國雖在文公時始建立上中下三軍；但於僖公二十七年即有「中軍將」之職，然此時之中軍將似乎並未與「爲政」畫上等號；至趙盾接任中軍將時，才有「始爲國政」的稱呼，因此趙盾掌握軍事、國政大權，稱之爲「出將入

相」，頗為名實相符。其後，中軍將與為政始終分不開；至士會將中軍時，甚至還兼「大傅」之官，晉中軍將之權責，在士會時，可說是已達顛峰。自此之後，襄公十九年，范宣子為政，直至范獻子，則稱之「為政」，未有中軍將之稱號了！從「中軍將」至「中軍將與執政合一」再回到單稱「為政」，似乎正是晉國霸業消長的一個見證。

綜觀中軍將（為政）之職責，於內政方面，除統籌國內各項事務之擘畫外，對於立君之事，亦有絕大的權力。如文公六年，晉襄公卒後，靈公少，晉人以難故，欲立長君。趙孟一度欲立公子雍，後因患穆嬴，且畏偪，才立靈公。

又，成公十八年，欒書、中行偃使程滑弒厲公，使荀罃、士魴逆周子于京師而立之。由此可知，晉執政之權，甚至可以影響嗣君之人選。

除此之外，領軍作戰亦是中軍將之最重要職責。作戰之時，其為總指揮，三軍必須聽命於他；因此，也必須負軍隊成敗之責。宣公十二年，晉楚邲之戰，晉師大敗，歸國後，荀林父即主動請死，此可說明中軍將對於戰事之成敗負有完全責任。

晉國於春秋之世，共立中軍將十八人，其中承接有序，繼位者多是前任死亡或告老。茲由下表明其執政時間及卸職原因。

序號	姓 名	執 政 起	執 政 迄	執 政 時 間	卸 職 原 因
1	郤 縠	僖二十七年	僖二十八年	二 年	卒。
2	原 軫	僖二十八年	僖三十三年	六 年	免冑入狄師，死焉。
3	先且居	僖三十三年	文五年	六 年	文公五年：晉趙成子、欒貞子、霍伯、臼季皆卒。（杜注：「霍伯，先且居，中軍帥也。」）
4	狐射姑	文六年		范獻子	陽處父黨趙氏，隨即更換之。
5	趙宣子	文六年	宣八年	二十一年	未記載。（宣八年《傳》「郤缺為政」，杜注：「代趙盾。」）
6	郤 缺	宣八年	宣十二年	五 年	未記載。（宣十二年《傳》：「荀林父將中軍。」杜注：「代郤缺。」）
7	荀林父	宣十二年	宣十六年	四 年	未記載。（宣十六年《傳》：「以黻冕命士會將中軍。」杜注：「代林父。」）
8	士 會	宣十六年	宣十七年	二 年	請老。

9	郤獻子	宣十七年	成四年	六　年	未記載。（成四年《傳》：「晉欒書將中軍。」杜注：「代郤克。」）
10	欒　書	成四年	成十八年	十五年	未記載。（成十八年《傳》：「韓獻子爲政。」杜注：「於是欒書卒。」）
11	韓獻子	成十八年	襄七年	八　年	告老
12	知　罃	襄七年	襄十三年	七　年	卒
13	荀　偃	襄十三年	襄十九年	七　年	荀偃癉疽，生瘍於頭。……卒。
14	范宣子	襄十九年	襄二十五年	七　年	卒。
15	趙文子	襄二十五年	昭公元年	八　年	卒
16	韓宣子	昭二年	昭二十八年	二十七年	卒
17	魏獻子	昭二十八年	定元年	六　年	卒
18	范獻子	定元年～？		？	未記載。

　　由上表可以得知，晉中軍將之更替，是非常嚴謹的；更換新中軍將，必須是前任死亡或是請老，才可能更新執政，這或許也就是晉國之所以可以稱霸的主要原因吧！依此表來看，晉中軍將十八人中，在任內因病、因公死亡者，共有十人；自動告老的有二人；《傳》、〈注〉文未記載的有五人，只有狐射姑因陽處父的關係，隨即被更換。依此比例而觀，其執政大權的過渡可以說是非常平順，眾人皆能遵守此項原則，終春秋之世，只有一個例外，這在爭權頻頻的時代裡，可以算是一個特例了！

（二）中軍佐

序號	年　　代	職　位	人　名	《　左　傳　》　記事	備　註	頁碼
1	僖二十七年	中軍佐	郤溱	郤縠將中軍，郤溱佐之。		267
	僖二十八年	中軍佐	郤溱	欒枝使輿曳柴而僞遁，楚師馳之，原軫、郤溱以中軍公族橫擊之。		273
2	文二年	中軍佐	趙衰	二年春，秦孟明視帥師伐晉，以報殽之役。二月，晉侯禦之，先且居將中軍，趙衰佐之。		301
3	文六年	中軍佐	趙盾	六年春，晉蒐于夷，舍二軍。使狐射姑將中軍，趙盾佐之。陽處父至自溫，改蒐于董，易中軍。陽子，成季之屬也，故黨於趙氏，且謂趙盾能。（杜注：「易以趙盾爲帥，射姑佐之。」）	趙盾隨即更爲中軍將。	313

4	文七年	中軍佐	先　克	宣子與諸大夫皆患穆嬴，且畏偪，乃背先蔑而立靈公，以禦秦師。箕鄭居守，趙盾將中軍，先克佐之。		317
5	文十二年	中軍佐	荀林父	秦伯伐晉，取羈馬。晉人禦之。趙盾將中軍，荀林父佐之。	宣十二年爲中軍將	330
6	宣十二年	中軍佐	先　縠	夏六月，晉師救鄭。荀林父將中軍，先縠佐之。		389
7	成二年	中軍佐	荀　首	（巫臣）對曰：「……知罃之父成公之嬖也，而中行伯之季弟也，新佐中軍，而善鄭皇戌，甚愛此子。」		428
	成三年	中軍佐	荀　首	晉人歸楚公子穀臣與連尹襄老之尸于楚，以求知罃。於是荀首佐中軍矣，故楚人許之。		436
	成四年	中軍佐	荀　首	晉欒書將中軍，荀首佐之，士燮佐上軍，以救許伐鄭。		439
8	成十三年	中軍佐	荀　庚	晉欒書將中軍，荀庚佐之。		463
9	成十六年	中軍佐	士　燮	欒書將中軍，士燮佐之。		473
10	襄十三年	中軍佐	士　匄	荀罃、士魴卒，晉侯蒐于綿上以治兵。使士匄將中軍，辭曰：「伯游長。昔臣習於知伯，是以佐之，非賢能也。請從伯游。」荀偃將中軍，士匄佐之。		554

　　對於中軍佐的資料，《傳》中之記載顯然不如中軍將之多，且中軍佐大多屬於輔佐性質，是以較少具體事件可以敘述。晉國前後共十位中軍佐見諸記載，其中趙盾及荀林父隨後晉升爲中軍將，掌管全國最高政權，其餘之人，則未能有此機會。

（三）中軍尉、佐

序號	年　代	職　位	人名	《　左　傳　》　記　事	備　註	頁碼
	閔二年	尉	羊舌大夫	狐突御戎，先友爲右。梁餘子養御罕夷，先丹木爲右，羊舌大夫爲尉。	杜注：軍尉。	192
	成十八年	中軍尉、尉佐	祁奚羊舌職	卿無共御，立軍尉以攝之，祁奚爲中軍尉，羊舌職佐之。		487
	襄三年	中軍尉、尉佐	祁午羊舌赤	祁奚請老，晉侯問嗣焉。……於是使祁午爲中軍尉，羊舌赤佐之。		501
	襄三年	軍尉佐	羊舌赤	晉侯怒，謂羊舌赤曰：「合諸侯，以爲榮也。揚干爲戮，何辱如之？必殺魏絳，無失也！」	魏絳爲中軍司馬	928

縱觀以上有關軍尉、軍尉佐之記載，可歸納軍尉之特質如下：

1. 軍尉是掌刑法、糾察之官，其職在三軍將佐之下，司馬、司空之上。

《會箋》於閔二年曰：「尉是糾察之官。《說文》尉作「𡱀」，持火所以申繒也。《史記・百官志》：「太尉，秦官，掌軍事。應劭曰：自上按下曰尉。」〔註56〕依照襄公十九年之《傳》曰：「公享晉六卿于蒲圃，賜之三命之服；軍尉、司馬、司空、輿尉、候奄皆受一命之服。」（卷三十四，頁 584）依此等級來看，軍尉之職在三軍將佐之下，而高於司馬、司空等官職。故襄公三年，晉侯謂中軍尉佐羊舌赤，欲殺中軍司馬魏絳也。此中軍尉佐之職高於中軍司馬，且掌刑法之證。襄公二十一年，欒盈過於周，自謂：「將歸死於尉氏。」此周朝〈尉氏〉者，亦掌刑法也。

2. 中軍尉亦稱軍尉、上軍尉亦稱輿尉

《傳》文有軍尉、有輿尉，明此二者非同一官職。故《會箋》曰：「〈晉語〉曰：『知祁奚之果而不淫也，使爲元尉；知羊舌職之聰敏肅給也，使佐之。』中軍尉〈晉語〉作『元尉』；中軍司馬曰『元司馬』；候奄曰『元候』，在上軍曰『輿尉』、『輿司馬』。元，大也；輿，眾也；官與諸軍同，故稱眾。」〔註57〕此以「元」與「輿」區分中軍與上軍之職，知所謂「軍尉」者，中軍之尉也；「輿尉」者，上軍之尉也。

3. 軍尉原本只有一位，特別狀況則多設一人以爲之佐。

軍尉按例只有一位，但成十八年時，卻是「祁奚爲中軍尉，羊舌職佐之」，尚有一人輔佐軍尉。此時蓋裁減將佐之戎御，改以軍尉兼之，故多設置一人以資輔佐也。故此年〈正義〉曰：「卿謂軍之諸將，往前恆有定員，掌共卿御，今始省其常員，惟立軍尉之官，臨有軍事，使兼攝之，令軍尉兼卿御也。此惟有中軍上軍，而無下軍之官者，蓋時下軍無闕，不別立官故也。」

（四）中軍大夫

宣公十二年	中軍大夫	趙括趙嬰齊	趙括、趙嬰齊爲中軍大夫，鞏朔、韓穿爲上軍大夫，荀首、趙同爲下軍大夫。	二十三	389

晉之中軍，另設中軍大夫一職，然此職僅見於宣公十二年，由趙括、趙

〔註56〕《左傳會箋》第四，頁 316，竹添光鴻著，天工書局印行，民國 77 年。案：《史記・百官志》應爲《漢書・百官公卿表》，原文爲：「太尉，秦官，金印紫綬，掌武事。」應劭曰：「自上安下曰尉。」

〔註57〕《左傳會箋》第十三，頁 948。

嬰齊爲之（卷二十三，頁 389）；並未註明其職掌爲何。《會箋》引方苞曰：「四大戰無書三軍之大夫者，惟邲特書。以晉之喪師，由先縠剛愎，而趙括、趙同助之；鞏朔、韓穿，則有設七覆事，荀首則有以其族反之，獲連尹襄老，囚楚公子穀臣事。趙嬰齊有使其徒先具舟于河事。苟不先書其職司，則不知其爲何人。既備舉六人，則趙旃求卿未得，魏錡求公族未得，皆以卿族在軍行，而非有職司，亦見矣。」〔註 58〕

（五）輿　帥

1. 成公二年：公會晉師於上鄍，賜三帥先路三命之服。司馬、司空、輿帥、候正、亞旅皆受一命之服。（卷二十五，頁 426～427）

杜曰：「輿帥，主兵車。」〈正義〉亦曰：「輿帥，掌兵車。」並以爲眾大夫無專職，掌散共軍事。

九、上軍之屬

晉國本只有一軍，莊公十六年《傳》曰：「王使虢公命曲沃伯以一軍爲晉侯。」閔公元年作二軍，爲上軍、下軍也；至僖公二十七年，則更作三軍。由於晉於早期作上軍，故國君尚有親自率領軍隊征討之事，至後期之中軍將，則或因國勢已固，國君已不再親自披掛上陣矣。晉之上軍將如下表所列。

（一）上軍將

年　度	人名	《　左　傳　》　記　事	卷　數	頁 碼
閔元年	晉　侯	晉侯作二軍，公將上軍，大子申生將下軍。	十　一	188
僖二十七年	狐　毛	使狐偃將上軍，讓於狐毛，而佐之。	十　六	267
文公七年	箕　鄭	箕鄭居守，趙盾將中軍，先克佐之；荀林父佐上軍；先蔑將下軍，先都佐之。杜曰：「箕鄭居守，故佐獨行。」	十　九	316
文十二年	郤　缺	郤缺將上軍，臾駢佐之。	十　九	330～331
文十五年	郤　缺	晉郤缺以上軍、下軍伐蔡。	十　九	339
宣十二年	士　會	夏六月，晉師救鄭。荀林父將中軍，先縠佐之；士會將上軍，郤克佐之。	二十三	389
成十三年	士　燮	士燮將上軍，郤錡佐之。（麻隧之戰）	二十七	463
成十六年	郤　錡	郤錡將上軍，荀偃佐之。（鄢陵之戰）	二十八	473

〔註 58〕《左傳會箋》第十一，頁 740，竹添光鴻著，天工書局印行，民國 77 年。

| 襄十三年 | 趙　武 | 使趙武將上軍，韓起佐之。 | 三十二 | 555 |
| 昭十三年 | 荀　吳 | 荀吳以上軍侵鮮虞。 | 四十六 | 814 |

晉上軍將之性質可分下列幾點言之：

1. 國君、太子曾親將上軍領銜作戰

閔公元年，晉國為了討伐耿、霍、魏，作二軍，還以國君之身份將上軍，大子申生將下軍。此次戰事非常順利，滅了這三個小國，並分賜趙夙和畢萬。另外，閔公二年，「晉侯使太子申生伐東山皋落氏」，此時晉只有上軍、下軍，故此當是以太子將上軍；再者，僖十五年韓之戰時，晉惠公親自卜右，乘小駟，則惠公亦御駕親征，以君王之尊領軍作戰矣。

2. 三軍將佐皆行，上軍將獨自居守。

例如文公七年：「箕鄭居守，趙盾將中軍，先克佐之；荀林父佐上軍；先蔑將下軍，先都佐之。」此對於三軍將佐皆一一道出其姓名，獨缺上軍將，故知居守的箕鄭為上軍將也。杜注曰：「箕鄭居守，故佐獨行。」

3. 上軍將可兼帥下軍

文十五年：「晉郤缺以上軍、下軍伐蔡。」杜預注曰：「兼帥二軍。」是郤缺以上軍將兼帥下軍也。

4. 上軍將可依序遞升為中軍將

晉之上軍將者，有三位是之後成為中軍將者，如郤缺文十五年為上軍將，宣八年晉升為中軍將；士會宣十二年將上軍，宣十六年晉升為中軍將；襄十三年趙武將上軍，襄公二十五年則為政矣。

（二）上軍佐

年　度	人名	《　左　傳　》　記　事	卷　數	頁碼
僖二十七年	狐　偃	使狐偃將上軍，讓於狐毛，而佐之。	十　六	267
文七年	荀林父	箕鄭居守，趙盾將中軍，先克佐之；荀林父佐上軍；先蔑將下軍，先都佐之。（杜曰：「箕鄭居守，故佐獨行。」）	十　九	316
文十二年	臾　駢	郤缺將上軍，臾駢佐之。	十　九	330～331
宣十二年	郤　克	夏六月，晉師救鄭。荀林父將中軍，先縠佐之；士會將上軍，郤克佐之。	二十三	389

成二年	士　燮	郤克將中軍，士燮佐上軍，欒書將下軍，韓厥爲司馬，以救魯、衛。〔註59〕	二十五	422
成四年	士　燮	晉欒書將中軍，荀首佐之，士燮佐上軍，以救許伐鄭。	二十六	439
成十三年	郤　錡	士燮將上軍，郤錡佐之。（麻隧之戰）	二十七	463
成十六年	荀　偃	郤錡將上軍，荀偃佐之。（鄢陵之戰）	二十八	473
襄九年	韓　起	韓起少於欒黶，而欒黶、士魴上之，使佐上軍。	三十	527
襄十三年	韓　起	使趙武將上軍，韓起佐之。	三十二	555

　　上軍佐係輔佐上軍之性質，故《傳》於此甚少著墨。文十二年之上軍佐臾駢，因係趙盾之屬大夫，故其向趙盾獻計，爲趙盾所採納。其餘則在戰事之中，甚少見上軍佐之獨特表現。另因上軍將偶有獨自居守之事，故上軍佐此時佐上軍隨大軍出發，而無上軍將矣。如文公七年，「箕鄭居守，趙盾將中軍，先克佐之；荀林父佐上軍；先蔑將下軍，先都佐之。」杜預於此注曰：「箕鄭居守，故佐獨行。」

　　另因佐上軍而得以擢升爲上軍將者，則僅有士燮于成公十三年爲上軍將；郤錡于成公十六年升爲上軍將而已。

（三）上軍尉

年　度	職　銜	人名	《　左　傳　》　記　事	卷　數	頁　碼
成十八年	上軍尉	鐸遏寇	鐸遏寇爲上軍尉，籍偃爲之司馬，親以聽命。	二十八	487
襄三十年	輿　尉		以爲絳縣師，而廢其輿尉。	四十六	680〜681

　　《傳》於上軍尉之記載甚少，只有成公十八年一則；另，襄公三十年有「輿尉」一詞，《傳》曰：「晉悼夫人食輿人之城杞者，絳縣人或年長矣，無子而往。……趙孟問其縣大夫，則其屬也。召之而謝過焉，曰：『武不才，任君之大事，以晉國之多虞，不能由吾子，使吾子辱在泥塗久矣，武之罪也，敢謝不才。』遂仕之，使助爲政。辭以老，與之田，使爲君復陶，以爲絳縣師，而廢其輿尉。」如以〈晉語〉之稱謂而言，則該當是上軍尉；〈正義〉引服虔曰：「輿尉，軍尉主發眾使民於時。於時趙武將中軍，若是軍尉，當是中

〔註59〕藝文印書館印行之《左傳》此處原作「士燮將上軍」，阮元〈校勘記〉曰：「石經宋本、淳熙本、岳本、足利本，『將』作『佐』，是也。案四年《傳》尚云：『士燮佐上軍』，至十三年《傳》始云：『士燮將上軍』，此時不得爲將，明矣。」

軍尉也。」服虔以輿尉爲中軍尉，非也。

《會箋》曰：「《淮南・兵略訓》曰：『夫論除，謹動靜，時吏卒，辨兵甲，治正行，連什佰，建鼓旗，此尉之官也。』又曰：『收藏於後，遷舍不離，無淫輿，無遺輜，此輿之官也。』然則輿尉與軍尉別，蓋輿，眾也；輿尉掌發眾使民，故名輿尉。軍中則掌廝役輜重，故云：『無淫輿，無遺輜。』此言掌城杞之役者也。野六十免役，今役七十三老人，故廢之。」〔註60〕

（四）上軍大夫

年　度	職　銜	人名	《　左　傳　》　記　事	卷　數	頁　碼
宣公十二年	上軍大夫	鞏　朔 韓　穿	鞏朔、韓穿爲上軍大夫。	二十三	389

晉之上軍大夫僅此一見；鞏朔、韓穿二人並在戰時「帥七覆于敖前」使得上軍不敗。則上軍鞏朔、韓穿大夫也可率軍，或是負責救援、接濟之工作？

十、下軍之屬
（一）下軍將

年　度	職　銜	人名	《　左　傳　》　記　事	卷　數	頁　碼
閔元年	太子	申　生	晉侯作二軍，公將上軍，大子申生將下軍	十　一	188
閔二年	下軍將	罕　夷	伐東山皋落氏，梁餘子養御罕夷，先丹木爲右。（杜注：「罕夷，晉下軍卿也。」）	十　一	192
僖十五年	下軍將	韓　簡	壬戌，戰于韓原。……梁由靡御韓簡，虢射爲右。	十　四	231
僖二十七年	下軍將	欒　枝	使欒枝將下軍，先軫佐之。	十　六	267
文七年	下軍將	先　蔑	荀林父佐上軍；先蔑將下軍，先都佐之。	十　九	317
文十二年	下軍將	欒　盾	郤缺將上軍，臾駢佐之。欒盾將下軍，胥甲佐之。	十　九	331
宣十二年	下軍將	趙　朔	趙朔將下軍，欒書佐之。	二十三	389
成二年	下軍將	欒　書	郤克將中軍，士燮佐上軍，欒書將下軍，韓厥爲司馬，以救魯、衛。	二十五	422～423
成十三年	下軍將	韓　厥	韓厥將下軍，荀罃佐之。	二十七	463
成十六年	下軍將	韓　厥	韓厥將下軍；郤至佐新軍。（鄢陵之戰）	二十八	473

〔註60〕　《左傳會箋》第十九，頁 1299。竹添光鴻著，天工書局印行，民國 77 年。

				卷　數	頁　碼
襄九年	下軍將	欒　屬	韓起少於欒屬，而欒屬、士魴上之，使佐上軍。（杜注：「屬、魴讓起，起佐上軍，屬將下軍、魴佐之。」	三十	527
襄十三年	下軍將	欒　屬	欒屬將下軍，魏絳佐之。	三十二	555
襄十八年	下軍將		魏絳、欒盈以下軍克邿	三十三	578

　　晉初年始有二軍，是以太子曾經親自戎服，爲下軍將率領軍隊遠征，足證當時之國君與太子均能嫻熟軍事，可以勝任帶兵打仗之任務。

　　再者，晉之下軍將後來可以晉升爲中軍將者，計有成公二年之欒書，於成公四年爲中軍將；以及成公十六年之韓厥，於成公十八年爲中軍將。二人皆於短短的兩年內由下軍將而中軍將，可見二人之才能倍受肯定。

（二）下軍佐

年　　度	人名	《　左　傳　》　記　事	卷　數	頁　碼
僖二十七年	先　軫	於是乎蒐于被廬，作三軍，謀元帥。……使欒枝將下軍，先軫佐之。	十　六	267
僖二十八年	胥　臣	原軫將中軍，胥臣佐下軍，上德也。	十　六	270
僖二十八年	胥　臣	己巳，晉師陳于莘北，胥臣以下軍之佐當陳、蔡。	十　六	272
文七年	先　都	箕鄭居守，趙盾將中軍，先克佐之；荀林父佐上軍；先蔑將下軍，先都佐之。	十　九	316
文十二年	胥　甲	郤缺將上軍，臾駢佐之。欒盾將下軍，胥甲佐之。	十　九	331
宣元年	胥　克	晉人討不用命者，放胥甲父于衛，而立其子胥克	二十一	361
宣八年	趙　朔	秋，廢胥克，使趙朔佐下軍。	二十二	379
宣十二年	欒　書	趙朔將下軍，欒書佐之。	二十三	389
成十三年	荀　罃	韓厥將下軍，荀罃佐之。	二十七	463
成十六年	荀　罃	韓厥將下軍；郤至佐新軍，荀罃居守。（鄢陵之戰）	二十八	473
成十六年	知武子	諸侯遷于制田，知武子佐下軍，以諸侯之師侵陳，至於鳴鹿，遂侵蔡。	二十八	479
襄十三年	魏　絳	欒屬將下軍，魏絳佐之。	三十二	555
襄二十四年	程　鄭	晉侯嬖程鄭，使佐下軍。	三十五	611
昭九年	荀　躒	初，公欲廢知氏，而立其外嬖，爲是悛而止。秋八月，使荀躒佐下軍以說焉。	四十五	781

　　下軍佐之職位於三軍中較低，故至後期，常被國君用來當做個人喜好的賞賜，如襄公二十四年「晉侯嬖程鄭，使佐下軍。」及昭公九年「公欲廢知氏，而立其外嬖」均有如此之例子。

下軍佐亦曾留守，然而，留守之後，又會給他一次出兵的機會，頗有補償之意味，例如成公十六年的知武子。

下軍佐或許因職位較低，故於軍行中有不用命者，即有懲罰。如宣公元年，「放胥甲父于衛」，即因為文公十二年時，「胥甲、趙穿當軍門而呼曰：『死傷未收而棄之，不惠也；不待期而薄人於險，無勇也。』」之故。然當時為此事者，胥甲、趙穿也；然獨放胥甲，卻是執政之趙盾偏心也。

（三）下軍大夫

年　度	職　銜	人名	《　左　傳　》　記　事	卷　數	頁　碼
僖三十三年	下軍大夫	冀　缺	臼季使，過冀，見冀缺耨，其妻饁之，敬，相待如賓。與之歸，言諸文公。……文公以為下軍大夫。	十　七	290～291
宣十二年	下軍大夫	荀　首 趙　同	趙括、趙嬰齊為中軍大夫，鞏朔、韓穿為上軍大夫，荀首、趙同為下軍大夫。	二十三	389

晉之設立三軍大夫，始見於僖公三十三年，以冀缺擔任；冀缺並在箕之役中獲白狄子。然自箕返晉之後，「襄公以三命命先且居將中軍，以再命命先茅之縣賞胥臣，……以一命命郤缺為卿，復與之冀，亦未有軍行。」則下軍大夫亦可參與軍事；但無所屬軍隊，故襄公命冀缺為卿之後，冀缺仍未有軍行。

十一、新　軍

晉國之軍制有如下之變化：

（一）一軍：本是一軍。

莊公十六年《傳》曰：「王使虢公命曲沃伯以一軍為晉侯。」

（二）二軍：上軍、下軍。

閔公元年《傳》：「作二軍。」

（三）三軍：中軍、上軍、下軍是也。

僖公二十七年《傳》：「則更作三軍。」

（四）五軍：中軍、上軍、下軍、新上軍、新下軍。

僖公三十一年《傳》：「蒐于清原，作五軍以禦狄，趙衰為卿。」

杜曰：「罷三行，更為上下新軍。」顧棟高按：「〈晉語〉趙衰將新上軍，箕鄭佐之，胥嬰將新下軍，先都佐之。」

（五）三軍：中軍、上軍、下軍。

文公六年：「蒐于夷，舍二軍。」杜曰：「復三軍之制。」

（六）六軍：中軍、上軍、下軍、新中軍、新上軍、新下軍。

成公三年：「晉作六軍，韓厥、趙括、鞏朔、韓穿、荀騅趙旃皆為卿。杜曰：「韓厥為新中軍，趙括佐之，鞏朔為新上軍，韓穿佐之，荀騅為新下軍，趙旃佐之。晉舊有三軍，今增此為六軍。」

（七）四軍：中軍、上軍、下軍、新軍。

成公十三年《傳》：「趙旃將新軍，郤至佐之。」杜曰：「旃代韓厥，至代趙括。」〈正義〉曰：「新軍不言上下，是新軍唯一，知新上下軍于是罷矣。」

（八）三軍：中軍、上軍、下軍。

襄公十四年《傳》：「師歸自伐秦，晉侯舍新軍，禮也。」

以下以表格方式，呈現晉國有關新軍的人事佈局。

年　度	職　銜	人　名	《　左　傳　》　記　事	卷　數	頁　碼
成六年	新中軍將	韓獻子	韓獻子將新中軍，且為僕大夫。	二十六	441
成十三年	新軍將 新軍佐	趙　旃 郤　至	趙旃將新軍，郤至佐之。	二十七	463
成十六年	新軍將	郤　犨	郤犨將新軍，且為公族大夫，以主東諸侯。	二十八	478
成十六年	新軍佐	郤　至	韓厥將下軍，郤至佐新軍，荀罃居守。（杜：新上軍、新下軍於是罷矣。）	二十八	473
襄三年	新軍佐	魏　絳	晉侯之弟揚干亂行於曲梁，魏絳戮其僕。……晉侯以魏絳為能以刑佐民矣，反役，與之禮食，使佐新軍。	二十九	502
襄十三年			新軍無帥，晉侯難其人，使其什吏率其卒乘官屬，以從於下軍，禮也。	三十二	554

晉國於僖公三十一年作五軍，之後新軍屢有增減，一直到襄十三年，因為「新軍無帥，晉侯難其人」故於翌年即舍新軍，重新恢復三軍之制。襄公十四年《傳》曰：「師歸自伐秦，晉侯舍新軍，禮也。成國不過半天子之軍，周為六軍，諸侯之大者，三軍可也。於是知朔生而盈而死，盈生六年而武子卒，彘季亦幼，皆未可立也。新軍無帥，故舍之。」（卷三十二，頁562）可知於當時之禮法，大國之軍制不得逾越天子之制，晉國在沒有新軍帥的情形下，恢復為三軍的編制，雖說是不得已，究竟也是回歸禮法，故《傳》曰：「三軍可也。」

關於晉國新軍之將佐，仍是以軍事任務為重；就《傳》所載而觀，新軍

將共有三人；其中韓獻子與郤犨均有兼職，倒是一件非常特殊的事情。

成六年：「韓獻子將新中軍，且爲僕大夫。」成十六年：「郤犨將新軍，且爲公族大夫，以主東諸侯。」韓獻子之兼職爲「僕大夫」，此官名於《左傳》中僅此一見，杜注：「兼大僕。」韓獻子於此跟隨晉侯退入燕寢，並備晉侯詢問。

至於郤犨之兼職爲「公族大夫，以主東諸侯」，杜注：「主齊魯之屬。」即主持東方諸侯如齊、魯之屬招待接洽事務。觀乎襄公十三年，《傳》曰：「新軍無帥，晉侯難其人」，則可能是當時國內足以擔當重任之人才不多，加以新軍之將任務較輕，是以多有兼職之故吧！

春秋之時，各國之軍制不一，程啓生曰：「春秋置六軍者，惟晉。其外見于《傳》者，吳有中上下三軍；又有右軍爲四軍；如仍有左軍，則五軍也。楚亦惟中左右三軍，齊上中下三軍，魯止有二軍，襄十一年，季武子欲弱公室，作三軍，至昭五年而舍之。」

十二、其 它

（一）公族大夫

宣二年《傳》載「初，驪姬詛無畜群公子，自是晉無公族。及成公即位，乃宦卿之適子而爲之田，以爲公族；又宦其餘子，亦爲餘子；其庶子爲公行。晉於是有公族、餘子、公行……。冬，趙盾爲旄車之族，使屏季以其故族爲公族大夫。』（卷二十一，頁 366）

杜注：「無公子，故廢公族之官。」〈正義〉曰：「公族之官，掌教公之子弟。下〈注〉云：『餘子，嫡子之母弟』，亦治餘子之政。餘子屬餘子之官，則適子屬公族之官也。」孔晁註《國語》云：『公族大夫掌公族及卿大夫子弟之官，是卿之適子屬公族。』」

杜注：「旄車，公行之官，盾本卿適子，當爲公族；辟屏季，故更掌旄車。」〈正義〉曰：「主公車行列，謂之公行，車皆建旄，謂之旄車之族。《詩》云：『子子干旄』又曰：『建旐設旄』，是公車必建旄也。《周禮》主車之官謂之巾車；巾者，衣也。主衣飾之車，謂之巾車，此掌建旄之車，謂之旄車之族。盾本卿之適子，其子世承正適，當爲公族。使辟屏季，故更爲旄車之族。自以身爲妾子，故使其子爲妾子之官。」

故總結注及〈正義〉所言，公族、餘子、公行分別職掌如下：

1. 公族大夫：公族之官，掌教公之子弟。

2. 餘子：卿適子母弟爲之，杜曰：「亦治餘子之政，主教卿大夫適妻之次
　　子也。下文庶子既爲公行，則卿大夫之妾子亦餘子之官教之矣。

3. 公行：主公車行列，謂之公行，車皆建旄，謂之旄車之族。

　　公族、公行之稱呼，亦見於《詩經》。〈汾沮洳〉曰：「彼汾沮洳，言采其
莫。彼其之子，美無度；美無度，殊異乎公路。彼汾一方，言采其桑。彼其
之子，美如英；美如英，殊異乎公行。彼汾一曲，言采其藚。彼其之子，美
如玉；美如玉，殊異乎公族。」〔註61〕〈鄭箋〉曰：「公路，主君之旄車，庶
子爲之，晉趙盾爲旄車之族是也；……公行，從公之行者，主君兵車行列；……
公族，主君同姓昭穆也。」

　　則鄭玄以旄車之族與公行爲二職；而杜預、孔穎達皆以之爲一職也。

　　由《傳》所見，晉國擔任公族大夫等職者，有下列數則。

1. 宣公十二年：晉魏錡求公族未得，而怒，欲敗晉師。（卷二十三，頁
　　395）

2. 成公十六年：郤犨將新軍，且爲公族大夫，以主東諸侯。（卷二十八，
　　頁479）

　　杜注：「主齊魯之屬。」即主持東方諸侯如齊、魯之屬招待接洽事務。

3. 成公十八年：荀家、荀會、欒黶、韓無忌爲公族大夫，使訓卿之子弟
　　共儉孝弟。（卷二十八，頁486）

　　此云「使訓卿之子弟共儉孝弟」，故可知是主教誨之官也。〈晉語〉亦載
云：「欒伯請公族大夫，悼公曰：『荀家惇惠，荀會文敏，黶也果敢，無忌鎮
靜，使茲四人爲之。夫膏粱之性難正也，故使惇惠者教之，使文敏者導之，
使果敢者諗之，使鎮靜者修之。惇惠者教之，則徧而不倦；文敏者導之，則
婉而入；果敢者諗之，則過不隱；鎮靜者修之，則壹。使茲四人者爲公族大
夫也。』」〔註62〕

　　〈晉語〉所載之職責，較《傳》所言更爲詳細。故知公族大夫乃教導公
卿之子弟也，且其所教導之事，又以品格之導正爲最優先。

4. 襄公七年：晉侯謂韓無忌仁，使掌公族大夫。（卷三十，頁519）

　　杜注：「爲之師長。」公族大夫掌教誨者也，但公族既多，教誨者亦需倍

〔註61〕《詩經‧魏風‧汾沮洳》卷五，頁207～208。十三經注疏本，藝文印書館印行。
〔註62〕《國語‧晉語》卷十七，頁434。韋昭注，漢京文化事業有限公司出版，民國
　　　　72年。

增；團體之中，必有首腦人物，韓無忌即所有公族大夫中之首席。

5. 襄公十六年：祁奚、韓襄、欒盈、士鞅爲公族大夫。（卷三十三，頁
　　572）

6. 襄公二十一年：欒桓子娶於范宣子，生懷子。范鞅以其亡也，怨欒氏，
　　故與欒盈爲公族大夫而不相能。（卷三十四，頁 591）

7. 昭公五年：薳啓疆曰：「……韓襄爲公族大夫，韓須受命而使矣。」（卷
　　四十三，頁 747）

杜注：「襄，韓無忌子也，爲公族大夫；須，起之門子，年雖幼，已任出
使。」

孔穎達曰：「公族、餘子、公行，《周禮》無此三官之名。〈夏官〉有諸子
下大夫，掌國子之倅事，與公族同也；春官有〈巾車〉下大夫，掌王之五路，
與公行同也，惟無餘子耳。」

顧棟高曰：「餘子主教卿大夫適妻之次子，公行不教庶子，然則卿大夫之
妾子，亦是餘子之官教之。公行掌率公戎車之行，列車皆建旆，謂之旆車之
族。又曰〈魏風〉有公族、公路、公行；其公族、公行、既同公路，似此餘
子。但餘子不主路車，公路當與公行爲一，以其主君路車謂之公路、主車行
列謂之公行。其實止是一官，詩人變文以韻句耳。」

汪中文以爲：

金文『公族』之意有二：一指公之族，即國君宗室子弟，如〈中觶〉
『王大省公族于庚☐旅』是其例：另一則爲官名。其職掌，除任儐者
外，餘則未見。春秋時，惟晉設"公族"之官。《左傳・宣公二年》：『初，
驪姬詛無畜群公子，自是晉無公族。及成公即位，乃宦卿之適子而爲
之田，以爲公族。』同上，成公十八年：『荀家、荀會、欒黶、韓無
忌爲公族大夫，使訓卿之子弟共儉孝弟。』由此可知，晉之"公族"，
其初蓋以同姓爲之，至獻公之後，廢不復設，至成公時復之，惟以異
姓爲之，與前稍異。《禮記・文王世子》云：「周公踐阼，庶子之正于
公族者，教之以孝弟睦友之愛，明父子之義，長幼之序。」如所言可
據，則周初王室已設此官，而職司教訓同族子弟之事。
〈番生簋〉、〈毛公鼎〉均載番生、毛公以執政大臣掌領"公族"之
事。〈毛公鼎〉云：「令女辥嗣公族雩參有嗣，小子、師氏、虎臣、
雩朕褒事，以乃族余敬王身。」乃族，即公族。公之族自與周王血

親最為親近，因此可以託付王室重任，為王盡忠效命，護衛王之安全。依此，掌領公族者，其地位自極尊貴。〔註63〕

按：定公七年《傳》載：「王入于王城，館于公族黨氏。」此公族或亦是周朝掌管公族子弟之官，故公族之官除見於晉國外，亦見於周朝。

（二）七輿大夫

1. 僖公十年：冬，秦伯使泠至報問，且召三子。郤芮曰：「幣重而言甘，誘我也。」遂殺丕鄭、祁舉及七輿大夫，左行共華、右行賈華、叔堅、騅歂、纍虎、特宮、山祁、皆里、丕之黨也。（卷十三，頁 222）

杜注：「侯伯七命，副車七乘。」〈正義〉曰：「《周禮・大行人》云：『侯伯七命，副車七乘，貳即副也。每車一大夫主之，謂之七輿大夫。』服虔云：「下軍之輿師七人屬申生者。襄二十三年，下軍輿師七人，往前申生將下軍，今七輿大夫為申生報怨，故七輿大夫與欒氏。炫謂服言是。」〔註64〕

2. 襄公二十三年：中行氏以伐秦之役怨欒氏，而固與范氏和親。知悼子少，而聽於中行氏，程鄭嬖於公，唯魏氏及七輿大夫與之。（卷三十五，頁 602）

杜注：「七輿，官名。」〈正義〉又引劉炫之言曰：「若是主公車，則當情親於公，不應曲附欒氏。」

顧棟高按：「僖十年《傳》七輿大夫之中，有左行共華、右行賈華，時晉猶未置三行，則所謂左行、右行者，猶掌公戎車謂之公行耳。杜說未為無據。七輿大夫與欒氏，蓋盈之黨有為是官者耳。魏獻子猶附盈，豈得以七輿大夫為疑？又按：昭八年《傳》，輿嬖袁克殺馬毀玉以葬。顧寧人曰：『輿嬖，嬖大夫也，掌君之車乘，如晉七輿大夫之類。』」〔註65〕

（三）逆旅大夫

1. 文公五年：晉陽處父聘於衛，反過甯，甯嬴從之。（卷十九，頁 311）

〔註63〕 汪中文《兩周官制論稿》頁 54～55，復文圖書出版社印行，民國 82 年。

〔註64〕 關於七輿大夫之官職，眾說紛紜。沈欽韓《補注》以為下軍之輿帥七人也，即左行共華等七人是。惠棟《補注》則以為七當為五，古字如七，是以當作五輿大夫，為官名，與共華等七人無涉。楊伯峻則據僖公二十八年《傳》云：「晉侯作三行」，亦有左行、右行，則左行、右行乃步軍之帥，不得兼為七輿大夫。

〔註65〕 《春秋大事表》卷十，頁 626。

杜注：「嬴，逆旅大夫。」〈正義〉曰：「〈晉語〉說此事云：『舍於逆旅甯嬴氏。』注《國語》者賈逵、孔晁皆以甯嬴爲掌逆旅之大夫，故杜亦同之。劉炫以甯嬴直是逆旅之主，非大夫，今刪定。知不然者，若是逆旅之主，則身爲匹庶，是卑賤之人，猶如重館人告文仲、重丘人罵孫蒯，止應稱人而已，何得名氏見《傳》？杜以《傳》載名氏，故爲逆旅大夫。劉炫以爲客舍主人而規杜氏，非也。」

由〈正義〉之言，知甯嬴爲逆旅之大夫，即主管客舍之官員也。

（四）乘馬御

1. 成公十八年：程鄭爲乘馬御，六騶屬焉，使訓群騶知禮。（卷二十八，（頁 487）

由程鄭之職可觀，乘馬御類似軍隊的訓練官，負責訓練將士們的禮儀與常規。〈晉語七〉載此事曰：「知程鄭端而不淫，且好諫而不隱也，使爲贊僕。」韋昭注：「贊僕，乘馬御也。」〔註 66〕

2. 襄公十六年：虞丘書爲乘馬御。（卷三十三，頁 572）

杜注：「代程鄭。」則程鄭掌乘馬御一職，長達十六年之久。

（五）饋　人

1. 成公十年：六月丙午，晉侯欲麥，使甸人獻麥，饋人爲之。召桑田巫示而殺之。」（卷二十六，頁 450）

饋人者，由其爲晉侯烹煮新麥，可知其爲諸侯主持飲食之官，相當於《周禮・天官》之庖人。

饋人之職，《左傳》亦僅晉國一見。

（六）復　陶

1. 襄公三十年：晉悼夫人食輿人之城杞者，絳縣人或年長矣，無子而往。……趙孟問其縣大夫，則其屬也。召之而謝過焉，……遂仕之，使助爲政。辭以老。與之田，使爲君復陶，以爲絳縣師，而廢其輿尉。」（卷四十六，頁 680～681）

杜注：「復陶，主衣服之官。」〈正義〉曰：「昭十二年《傳》說楚子出獵，云：『皮冠秦復陶，翠被豹舄，執鞭以出。』復陶之文在冠履之間，知是主君

〔註 66〕《國語・晉語》頁 435～436，韋昭注，漢京文化事業有限公司出版，民國 72年。

衣服之官也。衣服之名復陶，其義未聞。」

《會箋》曰：「主衣服，使密邇君身也。復陶所謂氏人綱也。……《周官家宰》之屬有內司服，掌王后之服。而無主王衣服之官。唯有司裘，頗為閒職。裘和織毛衣相類，諸侯之司裘，或名之為復陶。此老人善為司裘，可以兼縣師矣。蓋縣師以榮其身，司裘以不遠君與家宰也。」〔註67〕

（七）執　秩

1. 僖公二十七年：晉侯始入而教其民，二年，欲用之。……民易資者，不求豐焉，明徵其辭。公曰：「可矣乎？」子犯曰：「民未知禮，未生其共。」於是乎大蒐以示之禮，作執秩以正其官。（卷十六，頁 268）

杜注：「執秩，主爵秩之官。」

2. 昭公二十九年：仲尼曰：「……文公是以作執秩之官，為被廬之法。」（卷五十三，頁 920）

以此文觀之，則執秩為官名；然而《漢書·刑法志》：「齊桓既沒，晉文接之，亦先定其民，作被廬之法。」顏師古〈注〉引應劭云：「搜於被廬之地，作執秩以為六官之法。」〔註68〕則以「執秩」為法名。然昭公二十八年明言「作執秩之官」，則執秩者，應以官名解較為妥當。

官主爵秩，法當即《周禮·太宰》所謂「以八法治官府」之法。

（八）亞　旅

1. 成公二年：司馬、司空、輿帥、候正、亞旅皆受一命之服。

〈正義〉曰：「軍行有此大夫從者，司馬主甲兵，司空主營壘，輿師主兵車，候正主斥候，亞旅次於卿，是眾大夫也。」

《尚書·牧誓》亦有亞旅一職。其曰：「王曰：『嗟！我友邦冢君，御事、司徒、司馬、司空、亞旅、師氏、千夫長、百夫長。』」〈傳〉曰：「亞，次也；旅，眾也。眾大夫其位次卿。」又〈立政〉：「太史、尹伯、庶常吉士，司徒、司馬、司空、亞旅。」〔註69〕二者之亞旅皆位在司徒、司馬、司空三有司之下，且亞旅在〈牧誓〉中之次序，尚且在師氏之上，故其地位應當不低。亞

〔註67〕《左傳會箋》第十九，頁 1299。竹添光鴻著，天工書局印行，民國 77 年。

〔註68〕《漢書·刑法志》第三，頁 1085。班固撰，顏師古注，宏業書局印行，民國 73 年。

〔註69〕《尚書·牧誓》卷十一，頁 158；〈立政〉卷十七，頁 262。

旅之職在金文中僅〈臣諫設〉一見，[註70] 銘文及《尚書》、《左傳》的相合，證明了亞旅一職的可信度。

（九）九宗五正

1. 隱公六年：翼九宗五正頃父之子嘉父逆晉侯于隨，晉人謂之鄂侯。（卷四，頁 70）

2. 定四年：分唐叔以懷姓九宗，職官五正。（卷五十四，頁 949）

九宗五正者，官名也。杜注：「翼，晉舊都也。唐叔始封，受懷姓九宗，職官五正，遂世爲晉強家。五正，五官之長；九宗，一姓爲九族也。」楊伯峻曰：「九宗五正，官名，蓋頃父之官職。定四年《傳》云：「分唐叔以懷姓九宗，職官五正。」足見九宗五正乃殷商以來傳世之官職。

然通觀《傳》文，僅晉見此官職，且單用於追溯語氣，則此官職雖經傳世，但至春秋之時，已無國家再設此官矣。

（十）圬　人

1. 襄公三十一年：司空以時平易道路，圬人以時塓館宮室。（卷四十，頁 687）

圬人，杜注：「塗者。」〈正義〉曰：「〈釋宮〉云：『鏝謂之圬。』李巡曰：『鏝一名圬，塗工作具也。』郭璞云：『泥，鏝也。』然則圬是塗之所用，因謂泥牆屋之人爲圬人。」

圬人之職，《周禮》中無，《左傳》中亦僅晉國一見。

十三、小　結

《周禮》六官歸屬	官　名	《　左　傳　》　記　事	出現次數	備　註
天官	膳　宰	（1）（昭 9）諫公。（2）（昭 17）奉命如周。	2	
	宰　夫	（宣 2）胹熊掌不熟	1	
	甸　人	（1）（成 10）獻麥。（2）（襄 31）設庭燎	2	
	獸　人	（宣 12）供給獵物	1	
	醫	（僖 30）晉侯使醫衍酖衛侯	1	
	府　人	（襄 29）府無虛月	1	

[註70] 張亞初、劉雨《西周金文官制研究》頁 16，北京中華書局印行。

	寺 人	（1）（僖5）公使伐蒲。（2）（僖24）寺人披請見文公。（3）（僖25）晉侯問原守。（4）（成17）寺人孟張奪郤至之豕	4	
	豎（內豎）	（1）（僖24）守藏	1	天官八類
地 官	牧 人	（襄31）牧養牲畜	1	
	縣 師	（襄30）以爲絳縣師	1	
	太子傅（師氏）	（1）（僖4）晉侯殺之。（2）（僖9）荀息傅奚齊。	2	
	大 師（師氏）	（文6）宣子爲國政，授之。	1	
	大 傅（師氏）	（1）（文6）宣子爲國政，授之。（2）（宣16）士會以中軍將兼之。（3）（成18）士渥濁爲之，修士會之法。（4）（襄16）羊舌肸爲平公傅。（5）（襄30）叔向、女齊師保其君。	5	
	縣 正	（1）（僖25）原大夫、溫大夫。（2）（宣12）逢大夫。（3）（成2）邢大夫。（4）（襄27）木門大夫。（5）（襄30）絳縣大夫。（6）（襄30）任大夫。（7）（昭28）鄔大夫、祁大夫、平陵大夫、梗陽大夫、塗水大夫、馬首大夫、孟大夫、銅鞮大夫、平陽大夫、楊氏大夫。（8）（哀4）陰地之命大夫。	18縣	於「縣」下直接稱大夫，或稱守。地官六類
春 官	大 師	（襄14）、（襄18）、（襄26）、（昭8）供諮詢解惑	4	
	工（瞽）	（襄4）、（昭9）歌詩	2	
	大 卜	（1）（閔元）卜偃卜畢萬。（2）（僖2）、（僖14）、（僖25）、（僖32）預言。	5	
	卜 人	（1）（僖4）卜驪姬爲夫人	1	
	筮 史（筮人）	（1）（僖15）筮嫁伯姬於秦。（2）（僖28）曹伯之豎貨筮史。	2	
	大 史	（1）（宣2）書趙盾弒其君。（2）（襄30）（昭29）、（昭11）、（昭11）、（哀9）備諮詢。（3）（哀24）勞魯軍。	7	
	左 史	（襄14）從於軍	1	
	祭 史	（昭17）用牲于雒	1	
	巾 車	（襄31）脂轄	1	春官九類

夏　官	軍司馬－中軍司馬	（1）（僖28）殺奸命之人。（2）（宣12）韓厥爲司馬。（3）（成2）斬人。（4）（成2）受一命之服。（5）（成18）魏絳爲司馬。（6）（襄3）戮亂行之人。（7）（襄3）張老爲中軍司馬。（8）（襄4）鄧無賦於司馬。（9）（襄16）張君臣爲中軍司馬。（10）（襄18）司馬斥山澤之險。（11）（襄29）司馬女叔侯來治杞田。（12）（昭元）司馬侯問后子。（13）（昭4）勸諫。（14）（昭13）合諸侯。	14	（1）爵爲大夫。（2）以刑佐民
	軍司馬－上軍司馬	（1）（成18）訓卒乘。（2）（定13）圍邯鄲	2	
	候正、候奄、斥候（候人）	（1）（成2）候正受一命之服。（2）（成18）張老爲候奄。（3）（襄3）士富爲候奄。（4）（襄11）納斥候。	4	
	司　士	（成18）使訓勇力之士時使	1	
	僕大夫（太僕）	（成6）韓獻子將新中軍，且爲僕大夫	1	
	小　臣	（1）（僖4）驪姬以毒肉與小臣。（2）（成10）小臣負晉侯出諸廁，以爲殉。	2	
	僕　人（御僕）	（僖24）傳達王宮內外消息	2	
	戎　右	軍事中之御戎、爲右	12	詳見本文126～128頁
	戎　僕	軍事中之御戎、爲右	13	
	校　正	（成18）御戎之屬，訓諸御知義	1	
	圉　人	（襄31）牧、圉各瞻其事	1	夏官十一類
秋　官	司　寇	（襄3）魏絳欲歸死于司寇	1	
	司　隸	（襄23）管理奴隸	2	
	行　人	（1）（成16）使行人執榼承飲。（2）（襄4）問候來聘之穆叔。（3）（襄8）答鄭國王子伯駢。（4）（襄26）接待秦伯之弟。	4	行人不只一位，每日排班當值。秋官三類
冬　官	司　空	（1）（莊26）城絳。（2）（文2）參與會盟。（3）（成2）司空受一命之服。（4）（成12）右行辛爲司空。（5）（襄31）司空以時平易道路	5	爵爲大夫
	匠	（成17）公遊於匠麗氏	1	冬官二類
其它	中軍將	率中軍、爲政	27	詳見本文136～140頁
	中軍佐	佐中軍	13	

中軍尉、佐	（1）（閔2）羊舌大夫爲尉。（2）（成18）祁奚爲中軍尉、羊舌職佐之。（3）（襄3）祁奚爲中軍尉、羊舌赤佐之。（4）（襄3）掌刑法	4	
中軍大夫	（宣12）趙括、嬰齊爲中軍大夫	1	
輿　帥	（成2）輿師受一命之服	1	
上軍將	將上軍	10	詳見本文142～144頁
上軍佐	佐上軍	10	
上軍尉	（1）（成18）鐸遏寇爲上軍尉。（2）（襄30）廢其輿尉	2	
上軍大夫	（宣12）鞏朔、韓穿爲上軍大夫	1	
下軍將	將下軍	13	詳見本文145～147頁
下軍佐	佐下軍	14	
下軍大夫	（1）（僖33）文公以（冀缺）爲下軍大夫。（2）（宣12）荀首、趙同爲下軍大夫	2	
新軍將	將新軍	3	詳見本文147～149頁
新軍佐	佐新軍	3	
公族大夫	（1）（宣12）晉魏錡求公族未得。（2）（成16）郤犨將新軍，且爲公族大夫，以主東諸侯。（3）（成18）荀家、荀會、欒黶、韓無忌爲公族大夫，使訓卿之子弟共儉孝弟。（4）（襄7）晉侯謂韓無忌仁，使掌公族大夫。（5）（襄16）祁奚、韓襄、欒盈、士鞅爲公族大夫。（6）（襄21）（范鞅）與欒盈爲公族大夫而不相能。（7）（昭5）韓襄爲公族大夫。	7	
餘　子	（宣2）晉於是有公族、餘子、公行	1	
公　行	（宣2）晉於是有公族、餘子、公行	1	
七輿大夫	（1）（僖10）遂殺七輿大夫。（2）（襄23）唯魏氏與七輿大夫與之	2	
逆旅大夫	（文5）主管客舍之官員	1	
乘馬御	（成18）訓群騶知禮	2	
饋　人	（成10）烹煮新麥	1	
復　陶	（襄30）使爲君復陶	1	
執　秩	（1）（僖27）作執秩以正其官。（2）（昭29）文公是以作執秩之官	2	
亞　旅	（成2）亞旅受一命之服	1	
九宗五正	（1）（隱6）翼九宗五正頃父之子嘉父逆晉侯于隨。（2）（定4）分唐叔以懷姓九宗，職官五正	2	
圬　人	（襄31）塓館宮室	1	其它二十六類

職　官　別	總　數	比　例
天　官	8	12.3%
地　官	6	9.23%
春　官	9	13.85%
夏　官	11	16.92%
秋　官	3	4.62%
冬　官	2	3.08%
其　它	26	40%
合　計	65	100%

　　由以上晉國職官比例來看，其最特殊之處，莫過於〈夏官〉類職官在《周禮》六官中之比例高居首位；迥異於周、魯、鄭、衛等國皆以〈春官〉類職官居首之例子。這說明了僻居中原西邊的晉國，在富國強兵的要求下，已逐漸摒除巫、祝等天道迷信思想，而改以實際的軍隊政策做爲國家的立國根基；此點亦反映在其它類的職官中，屬於軍中職官的，即有十四項之多，若將其它類中的軍隊職官與〈夏官〉類的軍隊官職相合，二者總數爲共有二十五項，佔所有職官的三分之一強以上，晉國之官制迥異於他國，其以軍行爲主，此特色於上表一覽無遺。

　　由此種特殊官制，晉國也爲後世創立了一些特有名稱，如「將軍」、「元帥」之名，即源起於晉國之軍制。至於其它與《周禮》六官相仿的職官中，最特殊者有二。

　　（一）晉國另設大師、大傅二職，此職雖與《周禮》〈師氏〉相似，然其位階與職權顯然比《周禮》之設定更爲崇高。故吳永章以爲楚國之「大師」位極尊貴，而晉之大師賈佗，位在中軍元帥之上，可見其地位與楚大師相類。〔註 71〕不過其爵位顯然又無特別之限制，故士會以王之命卿的身份兼任大傅；而叔向則以上大夫之銜爲大傅也。

　　（二）晉之司馬、司空僅以大夫爲之，其地位遠低於其它各國，司馬負

〔註71〕吳永章〈楚官考〉頁 166。收於《中華文史論叢》1982 第二期。

責軍中之事務，司空則負責築城、平易道路等責。

至於其它諸職官，如宰夫、甸人、獸人、工、卜、史之類，其職責範圍則與《周禮》所載大致相同。

第二節　吳國職官

吳國於宣公八年始見於《左傳》。《傳》載：「楚為眾舒叛，故伐舒蓼，滅之。楚子疆之，及吳汭，盟吳、越而還。」（卷二十二，頁 379）此為吳、越首見於《傳》。〈正義〉引〈譜〉曰：「吳，姬姓，周大王之子大伯仲雍之後。大伯仲雍讓其弟季歷而去之荊蠻，自號句吳。句或為工，夷言發聲也。大伯無子而卒，仲雍嗣之，當武王克殷，而因封其曾孫周章於吳，為吳子。又別封章弟虞仲於虞。自大伯五世而得封，十二世而晉滅虞。虞滅而吳始大，至壽夢而稱王。壽夢以上，世數可知，而不紀其年。壽夢元年，魯成公之六年也。夫差十五年，獲麟之歲也。二十三年，魯哀公之二十二年，而越滅吳。」

哀公十三年吳與晉盟時，爭先；吳曰：「於周室，我為長。」杜注：「吳為大伯後，故為長。」此即謂其為太伯之後也，太伯以天下三讓於王季。《論語·泰伯》所謂「泰伯其可謂至德也已；三以天下讓，民無得而稱焉。」〔註72〕者也。

當此之時，吳為霸主，故魯國子服景伯曰：「敝邑之職貢於吳，有豐於晉，無不及焉，以為伯也。」

顧棟高論吳之源起及其疆域曰：「武王定天下，此時泰伯之子孫已自立于勾吳，武王因而封之。時大江以南，尚屬蠻夷之地，分茅胙土之所不及。非若中原齊魯星羅棋置也。故其地最廣遠，春秋初尚服屬于楚，自後寖強，遂為勍敵。而其所并吞之國，亦歷歷可紀焉。」〔註73〕此對吳國之源始及漸至強大，是一精簡之說明。吳國國勢因屬漸次強盛，故《左傳》中有關吳國之記載，已屬春秋中後期，是以記載並非太多。茲將《左傳》中所見之吳國官制，說明如下。

〔註72〕《論語·泰伯》頁 70。十三經注疏本，藝文印書館印行。
〔註73〕顧棟高《春秋大事表》卷四，頁 298。景印文淵閣四庫全書第 179 冊，臺灣商務印書館印行。

一、《周禮》天官之屬

（一）大　宰

　　吳國大宰之職首見於定公四年，《傳》曰：「楚之殺郤宛也，伯氏之族出。伯州犁之孫嚭為吳大宰以謀楚。」（卷五十四，頁 951）伯州犁在楚國於昭公元年被殺；當時子孫並未離開楚國；一直到昭公二十七年，郤宛被殺之時，伯氏之族才離楚就吳。

　　此是《傳》文首見伯嚭為吳大宰。伯嚭之祖父伯州犁於楚國亦為大宰之職，祖孫異國為官，且皆為大宰一職，實在是十分巧合。楚、吳之大宰皆以羈人為之，一般以為，其在國內之地位，應不至於太高；然吳國大臣見諸於《傳》者，僅伯嚭一人；且伯嚭在吳國之所作所為，皆為一執政者的態式。故伯州犁於楚國大宰之任，地位誠然不高；然伯嚭於吳國，則又是另外一番氣象了！吳國之大宰是最符合《周禮》所謂天官之長的威嚴，且伯嚭執政時間極長，當是吳國有意利用此「中原人士之後裔」以力圖振興吳國國勢吧！

　　《左傳》中有關吳大宰之記載，始終為伯嚭。其任期自定公四年首見，至哀公二十四年止，共有三十六年之久的執政時期。其間，其所為之事有下列諸項：

　　1. 哀公元年：吳王夫差敗越于夫椒，報檇李也。遂入越，越子以甲楯五
　　　　千保于會稽，使大夫種因吳大宰嚭以行成。（卷五十七，頁 990）

　　越既藉伯嚭以行成，則伯嚭者，在吳王面前，必具有相當之份量，故可左右吳王對於一個世敵的決定，此亦可證明，伯嚭之大宰，在吳國並非等閒之輩，而是一個握有決定大事權力的官職。

　　2. 哀公七年：大宰嚭召季康子，康子使子貢辭。大宰嚭曰：「國君道長，
　　　　而大夫不出門，此何禮也？」（卷五十八，頁 1009）

　　杜於此注：「嚭，吳大夫。」則伯嚭之大宰之職，在吳只為大夫之爵等而已。

　　3. 哀公八年：邾子又無道，吳子使大宰子餘討之，囚諸樓臺，栫之以棘。
　　　　（卷五十八，頁 1013）

　　4. 哀公十二年：公會吳于橐皋，吳子使大宰嚭請尋盟，公不欲。……秋，
　　　　衛侯會吳于鄖。公及衛侯、宋皇瑗盟，而卒辭吳盟。吳人藩衛侯
　　　　之舍。（子貢）語及衛故，大宰嚭曰：「寡君願事衛君，衛君之來
　　　　也緩，寡君懼，故將止之。」（卷五十九，頁 1026）

5. 哀公十三年：（吳人）遂囚（子服景伯）以還。及戶牖，謂太宰曰：
「……若不會，祝宗將曰『吳實然』，且請魯不共，而執其賤者
七人，何損焉？」大宰嚭言於王曰：「無損於魯，而祇爲名，不
如歸之。」乃歸景伯。……王欲伐宋，殺其丈夫而囚其婦人。
大宰嚭曰：「可勝也，而弗能居也。」乃歸。（卷五十九，頁 1029）

6. 哀公十五年：夏，楚子西、子期伐吳，及桐汭，陳侯使公孫貞子弔焉，
及良而卒，將以尸入。吳子使大宰嚭勞，且辭。（1034）

待哀公二十四年又出現時，大宰嚭已成爲越國之大宰，且同樣地不改本
性，又接受魯季的賄賂。

觀大宰嚭於吳國之所作所爲，約可概括爲下列幾點言之。

（1）作爲國君與他國的媒介：如越藉伯嚭以行成。

（2）召他國之大臣：此是吳爲當時之霸主，故大宰挾此作威。

（3）執小國之君臣：如囚邾子、止衛君、囚子服景伯等。霸主者，所謂
「凡侯伯，救患、分災、討罪，禮也。」（僖公元年），吳國此時之
作爲，無一不是強橫之做法，以其自以爲霸主之故。

（4）勞他國使臣：如陳國使者。

由以上伯嚭之行事而觀，謂其爲國君之代言人，實不爲過。由此亦可知
其在吳國權勢之大，此唯有一國之冢宰方能有此氣勢。《呂氏春秋・順民篇》
載越敗吳之事曰：「於是異日果與吳戰於五湖，吳師大敗，遂大圍王宮，城門
不守，禽夫差，戮吳相。」楊樹達注曰：「相，謂太宰嚭。」以「相」比擬「太
宰」之職，其權力之大可知。〔註 74〕故筆者以爲，吳國大宰之職，是最符合
《周禮》中以大宰爲天官之長、總理國政之意義的。

大宰之官，春秋諸國多有設立，如魯、宋、楚、鄭、越等國，然其中最
握有權力者，則非吳大宰莫屬。

（二）閽

1. 襄公二十九年：吳人伐楚〔註 75〕，獲俘焉，以爲閽，使守舟。吳子餘

〔註74〕《呂氏春秋・順民篇》《呂氏春秋校釋》卷九，頁 480。呂不韋著、高誘注、
陳奇猷校釋。華正書局出版，民國 74 年。又，太宰嚭是否被殺，各家看法不
一；參見〈其它職官・越職官〉一節。

〔註75〕 十三經注疏本作「吳人伐楚」，《左傳會箋》、索引輔校本及《春秋左傳注》皆
作「吳人伐越」。《春秋左傳注》並引馬王堆三號墓出土帛書《春秋事語》爲
證。

祭觀舟，闇以刀弒之。（卷三十九，頁 666）

闇者，守門人也。楊伯峻《左傳注》引馬王堆三號墓出土帛書《春秋事語》，曰：「吳伐越，复（俘）其民，以歸，弗复圊図刑之，使守其周（舟）。紀譜曰：『刑不叴，使守布周（舟），游其禍也。刑人恥刑而念不辜，怨以司（伺）間，千萬必有皋矣。』吳子余蔡（餘祭）觀周（舟），闇（闇）人殺之。」〔註76〕

杜預於經文下注曰：「闇，守門者也。下賤非士，故不言盜。」觀《傳文》以俘為闇，知闇者，為卑賤之徒役也。

闇之職，《左傳》中僅楚、吳及邾設立。

二、《周禮》秋官之屬

吳國之職官，於〈秋官〉中，僅見行人一職。

（一）行　人

1. 成公七年：巫臣請使於吳，……教吳乘車，教之戰陳，教之叛楚。實其子狐庸焉，使為行人于吳。（卷二十六，頁 444）

巫臣因為夏姬之故，奔於晉國，同時為了報復子重、子反，特以行人之身份使吳，以輔佐吳國壯大，與楚相抗衡。此行人之職，不僅負溝通往來之責，甚且還擔負起教導軍事之責任，其職權可謂廣矣。而吳國亦因巫臣及其子狐庸之故，將蠻夷屬於楚者，皆盡取之，於是始大，始通於中原各國矣。謂巫臣及其子狐庸為改變當時國際情勢之「行人」，諒不為過。

2. 定公四年：秋，楚為沈故，圍蔡。伍員為吳行人以謀楚。（卷五十四，頁 951）

伍員之擔任吳國行人，彷彿是巫臣的舊事重演。然巫臣之使，不過使楚國疲憊；而伍員之使，則挾帶著父兄死恨，因此其復仇之能力也較巫臣為烈。楚國柏舉之敗，破郢之痛，亦因於伍員這位「行人」也。〔註77〕

3. 哀公十二年：初，衛人殺吳行人且姚而懼，謀於行人子羽。（卷五十九，頁 1026）

此係追敘之詞，各家於且姚均無注。觀此《傳》文，似且姚因出使而遭殺害。

〔註76〕楊伯峻《春秋左傳注》頁 1157，源流出版社，民國 71 年。

〔註77〕參見簡師宗梧《〈左傳〉伍子胥的形象》，收於孔孟學報第四十五期。

三、其　它

（一）上軍將、下軍將、右軍將

1. 哀公十一年：公會吳子伐齊。五月，克博。壬申，至于嬴。中軍從王，
胥門巢將上軍，王子姑曹將下軍，展如將右軍。（卷五十八，頁
1017）

　　杜注：「三將，吳大夫。」《會箋》曰：「吳王自將中軍以驅逐也。邲之戰，
楚莊王自驅逐；鞌之役，齊頃公自奮進，他諸侯不多見。……此役左軍不出
也。敘列客主將帥，鄢陵以後所無，自晉戎馬不駕，左氏特於艾陵留是餘風
耳。」〔註78〕若依《會箋》之說法，則此時吳有中軍、上軍、下軍、右軍、
左軍等，則共五軍矣。蓋上下、左右，係對稱之勢，有右則必有左是也。

四、小　結

《周禮》六官歸屬	官　名	《　左　傳　》　記事	出現次數	備　註
天　官	大　宰	（1）（哀元）越因大宰嚭行成。（2）（哀7）召季康子。（3）（哀8）討邾子。（4）（哀12）吳子使尋盟。（5）（哀13）歸魯國子服景伯。（6）（哀15）勞陳公孫貞子。	6	執政長達三十六年
	闇	（襄29）以楚俘為闇，使守舟。	1	
秋　官	行　人	（1）（成7）巫臣使其子為吳行人。（2）（定4）伍員為吳行人以謀楚。（3）（哀12）行人且姚為衛所殺	3	
其　它	上軍將	（哀11）帥上軍伐齊。	1	
	下軍將	（哀11）帥下軍伐齊。	1	
	右軍將	（哀11）帥右軍伐齊。	1	

職　官　別	總　數	比　例
天　官	2	33.33％
秋　官	1	16.67％
其　它	3	50％
合　計	6	100％

〔註78〕《左傳會箋》第二十九，頁1940，竹添光鴻著，天工書局印行，民國77年。

　　吳國由於記載資料之缺乏，僅有六種職官名稱見諸《傳文》，因此，難以據此判斷其國內職官制度之特性。然從其大宰之職高位重情形來看，其之刻意模仿中原制度的心理不難想像；至於設中軍、上軍、下軍、右軍等軍制，當是巫臣之子爲吳行人以後，以晉之軍制教導之，故吳雖與楚同處南方之地，而與楚因宿敵之故，彼此政治局面的開展大不相同；反而是因故楚臣巫臣的奔晉，使得晉國軍制之影響廣及吳國，這當是吳國官制較爲特殊的一面了！

第三節　虢職官

　　虢國，姬姓；隱公八年，虢公忌父始作卿士于周，僖公五年爲晉所滅。虢爲小國，職官僅見祝、史、宗三類。

一、《周禮》春官之屬

（一）祝、史、宗

　　　1. 莊公三十二年：神居莘，六月。虢公使祝應、宗區、史嚚享焉。神賜
　　　　　之土田。史嚚曰：「虢其亡乎！吾聞之：國將興，聽於民；將亡，
　　　　　聽於神。」（卷十，頁 181）

　　杜注：「祝，大祝；宗，宗人；史，大史。」此以職爲氏；應、區、嚚爲其人之名也。

　　《國語・晉語二》曰：「虢公夢在廟，有神人面白毛虎爪，執鉞立於西阿，公懼而走。神曰：『無走，帝命曰：「使晉襲於爾門。」』公拜稽首，覺，召史嚚占之。對曰：『如君之言，則蓐收也。天之刑神也，天事官成。』公使囚之。」〔註79〕依〈晉語〉之記載，則虢國之太史亦負責占夢也。《周禮・春官》有占夢一職，有其編制爲中士二人，職爲「以日月星辰占六夢之吉凶。」〔註80〕〈晉語〉所載之事，則以太史爲占夢也。《左傳》中占夢之官，僅衛國一見，其以卜人爲之；或因虢爲小國，故大史之官身兼多職也。

〔註79〕　《國語・晉語二》卷八，頁 295～296。韋昭注，漢京文化事業有限公司出版，
　　　　　民國 72 年。
〔註80〕　《周禮・春官》卷二十五，頁 381。

第四節　蔡職官

蔡於春秋列國亦小國也。《史記》載其始封情形曰：「蔡叔度者，同文王子而武王弟也。武王同母兄弟十人，……唯發、旦賢，左右輔文王。……及文王崩，而發立，是爲武王。……封叔度於蔡。……武王既崩，成王少，周公旦專王室，管叔、蔡叔疑周公之爲不利於成王，乃挾武庚以作亂，周公旦承成王命，伐誅武庚、殺管叔而放蔡叔，遷之與車十乘、徒七十人。……蔡叔度既遷而死，其子曰胡，胡乃改行率德馴善，周公聞之，而舉胡以爲魯卿士，魯國治，於是周公言於成王，復封胡於蔡，以奉蔡叔之祀，是爲蔡仲。」〔註81〕

蔡國之官名見於《左傳》者，僅司馬、大師與封人。然，昭公十一年，《傳》文記載楚子伏甲而饗蔡侯於申時，曰：「刑其士七十人」，則蔡之大夫人數，最少亦在七十以上。以如此龐大之官員人數，見諸經傳，亦只有二職官，足說明其國家之褊小與不受重視。

一、《周禮》地官之屬

（一）封　人

1. 昭公十九年：楚子之在蔡也，郹陽封人之女奔之，生太子建。（卷四十八，頁 844）

杜注：「蓋爲大夫時往聘蔡……郹陽，蔡邑。」〈正義〉曰：「賈逵云：『楚子在蔡，爲蔡公時也。』杜以楚子十一年爲蔡公，十三年而即位，若在蔡生子，唯一二歲耳，未堪立師傅也。至今七年，未得云建可室矣。故疑爲大夫時往聘蔡也。」郹陽在今河南省新蔡縣境。

鄭、楚、宋、蔡皆有封人之官見諸於《傳》。

（二）大　師

1. 襄公二十六年：初，楚伍參與蔡大師子朝友，其子伍舉與聲子相善也。（卷三十七，頁 634）

此大師，掌國君或太子教育之太師也，非掌樂律之大師。

〔註81〕《史記·管蔡世家》《史記會注考證》卷三十五，頁 2647～2651，司馬遷撰，瀧川龜太郎考證。天工書局印行，民國 78 年。

二、《周禮》夏官之屬

（一）司　馬

1. 襄公八年：庚寅，鄭子國、子耳侵蔡，獲蔡司馬公子燮。（卷三十，頁520）

2. 襄公二十年：蔡公子燮欲以蔡之晉，蔡人殺之。公子履，其母弟也，故出奔楚。陳慶虎、慶寅畏公子黃之偪，愬諸楚曰：「與蔡司馬同謀。」（卷三十四，頁588）

關於蔡之司馬，《傳》僅敘其官，未言其職。然公子燮既於襄公八年被執；復見於襄公二十年，則擔任此職之時間亦長達十三年矣。

第五節　曹職官

曹爲姬姓，始封爲文王子叔振鐸。春秋之時，曹爲一蕞爾小國，故職官人數並不多；但《傳》文於僖公二十八年記載晉侯入曹時，「數之以其不用僖負羈，而乘軒者三百人」，所謂「乘軒」，杜注：「軒，大夫車。」則必須大夫以上，才可乘軒，以曹如此小國，大夫以上三百人，人數似乎過多；且其見於《傳》文之職官，亦僅司城與豎而已，是否眞有如此眾多之大夫，值得商榷。故明郝敬《讀左傳日鈔》謂「曹蕞爾國，舉群臣不能三百人，而況大夫？言三百者，極道其濫也。」然《詩經·曹風·候人》謂：「彼其之子，三百赤芾」，「彼其之子，不稱其服」，〈序〉且云：「刺近小人也，共公遠君子而好近小人焉」〔註82〕，則〈候人〉之詩即爲晉文公入曹之事而作，二《經》皆稱當時之曹國有大夫三百人以上，當如郝敬所言，舉其成數，而極道其濫也。

一、《周禮》天官之屬

（一）豎

1. 僖公二十八年：晉侯有疾，曹伯之豎侯獳貨筮史，使曰以曹爲解。（卷十六，頁277）

杜注：「豎，掌通內外者。」《周禮·天官》有「內豎」之職，掌「內外

〔註82〕《詩經·曹風》卷七之三，頁269。十三經注疏本，藝文印書館印行。

之通令，凡小事。若有祭祀、賓客、喪紀之事，則爲內人蹕。」〔註83〕此曹侯之豎賄賂晉之筮史，希望他將晉侯得病的原因解釋爲滅了曹國，此爲非常時期之任務，屬於國君近侍之臣中，難得一見的機智表現，無與其本職並無太大的正相關。

豎之職於除見於晉、衛諸國外，一般卿大夫之家亦有所見。

二、《周禮》冬官之屬

（一）司 城（司空）

1. 哀公七年：曹伯陽即位，好田弋。曹鄙人公孫彊好弋，獲白鴈，獻之，且言田弋之說，說之。因訪政事，大說之。有寵，使爲司城以聽政。（卷五十八，頁 1011）

司城者，宋之官名也。宋武公因名司空，故廢司空之名改爲司城。故宋之司城相當於他國之司空也。此公孫彊原爲鄙人，後爲司城，並以此職位聽政。

《會箋》曰：「曹國近宋，故倣宋司城之名。其曰聽政，蓋政卿也。」〔註84〕此以鄙人而爲政卿，亦春秋之時少見之事。另，程啓生亦曰：「司城，宋官，曹不應有。蓋曹後衰弱，奉宋之政令已久，其見滅于宋宜矣。」〔註85〕

第六節 隨職官

隨，小國名也，姬姓，桓六年《傳》曰：「漢東之國，隨爲大。」故隨是漢水東邊中較大的國家。楊伯峻曰：「據《姓纂四支》下引《風俗通》、《路史》後記謂隨爲神農之後，姜姓；《路史》後記又謂隨爲堯後，或傳說不同，或另一隨國，不知始封爲誰，故城在今湖北省隨縣南，終春秋之世猶存。」〔註86〕另據程發軔之說法，隨爲姬姓之國，在今湖北省隨縣。〔註87〕

一、《周禮》地官之屬

（一）少 師（師氏）

〔註83〕《周禮·天官》卷七，頁 116。
〔註84〕《左傳會箋》第二十九，頁 1922，竹添光鴻著，天工書局印行，民國 77 年。
〔註85〕程廷祚《春秋識小錄·職官考略》頁 211。叢書集成續編第 271 冊。
〔註86〕楊伯峻《春秋左傳注》頁 109，源流出版社，民國 71 年。
〔註87〕程發軔《春秋要領》頁 167，東大圖書公司印行，民國 78 年。

1. 桓公六年：楚武王侵隨，使薳章求成焉，軍於瑕以待之。隨人使少師
董成。（卷六，頁 109）

杜注：「少師，隨大夫。」少師係與太師相對之師保人員之一，如昭公十
九年《傳》載：「及即位，使伍奢爲之師，費無極爲少師。」（卷四十八，頁
844）此隨之少師蓋由於朝夕與國君相處之故，是以深得國君寵信。楚軍之侵
隨，便是料準了少師既驕傲、又獲得國君寵信的特質；終於在桓公八年時，
使隨國嚐到敗戰的滋味。

2. 桓公八年：隨少師有寵。……戰于速杞。隨師敗績。隨侯逸。鬭丹獲
其戎車，與其戎右少師。（卷七，頁 119）

杜注：「戎車，君所乘兵車也。戎右，車右也。寵之，故使爲右。」少師
既以輔佐君王或太子爲主要職責，則其性質偏向文職；然此少師既可以擔任
戎右，則隨之職官亦文武不分也。此戎右並非由專人擔任之職務，是以亦僅
能認定是一臨時性之職守。

除了隨之外，楚、衛亦設有少師之職。

二、《周禮》春官之屬

（一）祝　史

1. 桓公六年：少師歸，請追楚師。隨侯將許之。季梁止之，曰：「……
所謂道，忠於民而信於神也。上思利民，忠也；祝史正辭，信也。
今民餒而君逞欲，祝史矯舉以祭，臣不知其可也。」（卷六，頁
110）

此係隨國賢人季梁之辭。就其所謂之祝史，亦以掌祭祀爲主要職責，祝
史既掌祭祀，負責與神明之溝通，則必須誠心正意，不得有文過飾非之辭，
是以季梁曰：「祝史矯舉以祭，臣不知其可也。」

第七節　巴職官

巴，據昭公十三年《傳》：「楚共王與巴姬埋璧。」則巴國屬姬姓；又據
桓公九年杜預注曰：「巴國在巴郡江州縣。」〈正義〉曰：「《地理志》：『巴郡
故巴國，江州縣是其治下縣也。』此年見《傳》，文十六年與秦楚滅庸，以後
不見，蓋楚滅之。」

一、《周禮》秋官之屬

（一）行　人

1. 桓公九年：巴子使韓服告于楚，請與鄧爲好。楚子使道朔將巴客以聘
   於鄧，鄧南鄙鄾人攻而奪之幣，殺道朔及巴行人。（卷七，頁 120）

杜注：「韓服，巴行人。」楊伯峻曰：「上言巴客，下言巴行人，皆即韓服，變文也。行人爲古代官名，《周禮・秋官》有大行人，掌大賓之禮及大客之儀；小行人掌使適四方，協九儀賓客之事。諸侯之行人似通掌之。」〔註88〕

〔註88〕楊伯峻《春秋左傳注》頁 125，源流出版社，民國 71 年。